스무 살의 얼굴은 자연의 선물이고,
쉰 살의 얼굴은 당신의 공적이다.
가브리엘 샤넬
(Gabrielle Bonheur Chanel, 1883~1971, 패션 디자이너)

나는 오늘이 제일 예쁘다

LADIES IMAGE TUNING

나는 오늘이 제일 예쁘다

2013년 6월 19일 초판 1쇄 발행
2013년 10월 25일 초판 2쇄 발행

지은이 | 황정선
펴낸이 | 윤정희
펴낸곳 | (주)황금부엉이
주소 | 서울시 마포구 서교동 353-4 첨단빌딩 5층
전화 | 02-338-9151
팩스 | 02-338-9155
인터넷 홈페이지 | www.goldenowl.co.kr
출판등록 | 2002년 10월 30일 제 10-2494호

기획편집부장 | 홍종훈
편집 | 조연곤, 양성미
교정 · 교열 | 주경숙
표지 · 본문 디자인 | 이미지공작소 02-3474-8192
전략마케팅 | 변재업, 차정욱, 채재석
제작 | 구본철
ISBN 978-89-6030-352-2 13320

※ 값은 뒤표지에 있습니다.
※ 잘못된 책은 구입하신 서점에서 바꾸어 드립니다.
※ 이 책에서는 독자들의 빠른 이해를 돕기 위해 '베이직'이라는 단어를 사용했습니다.
　　그러나 외래어 표기법에 따른 바른 용어는 '베이식(Basic)'임을 알려드립니다.

BM 황금부엉이

LADIES IMAGE TUNING

나는 오늘이 제일 예쁘다

황 정 선 지음

BM 황금부엉이

어른 여자의 스타일

낯선 사람이 자신을 어떻게 부르는지는 여자에게 무척 중요하다. 우연히 마주친 사람이 '저기요, 아줌마'라고 부른다면 나이 든 여자, 즉 아줌마 느낌을 풍기는 여자가 되었다는 증거이다. 지나가는 사람으로부터 아줌마란 말을 들었다고 발끈할 일이 아니라 한 번쯤 자신을 되돌아 볼 계기로 삼아야 한다. 우리는 정말로 근사한 여자에게는 '저기요, 아줌마'라고 부르진 않기 때문이다. 아줌마라 불리는 순간이 바로 자기 스타일을 다시 점검해야 할 때이다.

이른바 중년이 되어서 자기 스타일을 발견하기 위해서는 무엇보다 자신이 가진 것을 있는 그대로 받아들이고 사랑할 수 있는 용기가 필요하다. 그래야 누구와의 비교가 아니라 나답게 아름다워지는 법을 깨닫게 되고, 세상의 기준에 자신을 맞추기보다는 스스로를 믿고 당당히 여기는 자부심을 갖게 된다. 자부심에서 우러난 당당한 태도는 아름다워지는 데 필수적인 조건이다. 자신이 아름답다고 느낄 때 아름답게 행동하는 법이니까. 아름다운 행동에는 반드시 매력적인 표정이 동반된다. 아무리 이목구비가 또렷하고, 최고급 액세서리로 장식하고, 멋진 옷을 입고 있다고 해도 표정이 부족하면 사람은 예쁘게 보이지 않는 것이다. 매력적인 표정은 얼굴뿐만이 아니라 그 사람이 갖고 있는 분위기 전체를 아름답게 바꿔 주는 파워가 있다. 이렇게 상냥한 분위기를 연출하는, '아줌마'라기에는 너무 신선하고 '여자 아이'라기에는 지적이고 고상한 사람이 진짜 어른 여자가 아닐까?

마흔의 또 다른 말인 '불혹'은 세상일에 정신을 뺏겨 갈팡질팡하거나 판단을 흐리지 않는다는 뜻이라고 한다. 하지만 따라잡을 수 없을 정도로 시시각각 변하는 패션이나 트렌드는 우리를 흔들기에 충분하다. 이런 시대라도 자기만의 스타일이 있는 사람은 흔들리지 않을 수 있는데, 이 책은 이렇게 어떤 상황에서도 흔들리지 않는 나만의 스타일을 갖고 싶은 여성들을 위한 책이다. 어지러울 정도로 빨리 변하는 트렌드를 추종하지 않고도 결코 뒤떨어지지 않는 스타일을 살릴 수 있는 길을 섹시한 마흔, 스타일리시한 마흔, 슬림한 마흔, 시즈너블 마흔 이렇게 4가지로 나눠 설명한다.

스타일을 생각할 여유조차 없을 정도로 해야 할 일이 몰아치는 게 중년의 삶이라는 걸 잘 안다. 그렇다고 앞으로 다가올 40년 넘는 세월을 스타일 없이 모양 빠지게 지내기에는 너무 아깝지 않은가? 포기하지 말고 가벼운 마음으로 이 책을 한 번 훑어보자. 책에서 제시하고 있는 100가지 테크닉 중 단 하나라도 실천해 보자. 그런 하나하나가 쌓이고 그렇게 쌓인 하루하루가 모이다 보면 자신도 모르는 사이에 얼굴이나 분위기에 마흔의 스타일이 나오게 된다. 예쁘장한 젊은 여자에게서는 결코 찾을 수 없는 성숙미와 미숙한 어린 여자에게서는 느낄 수 없는 노련함으로, 매력적이고 자신만의 아우라가 담긴 스타일을 가질 수 있을 것이다.

영화 〈러브 미 이프 유 데어, Love me if you dare, 2003〉를 보면 "어른이 된다는 것은, 계기판은 210까지 있지만 60으로밖에 달릴 수 없는 것이다."라는 대사가 나온다. 이 말은 어른 여자의 스타일에도 똑같이 적용된다. 가는 세월을 잡으려 처진 눈꺼풀을 꿰매 올리거나 꺼진 볼을 채우는 등 안간힘을 쓰기 전에 거울을 보며 표정을 살피고 적정 체중을 유지하기 위해 노력해 보자. 이런 작은 노력들이 모여 꾸민 티가 나지 않으면서 당당하고, 화려하지 않으면서 은은한 매력을 발산하는 성숙한 스타일링을 가져다줄 것이다.

황정선

스타일리시한 마흔

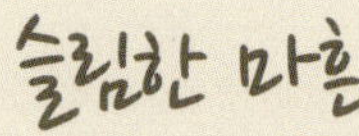
슬림한 마흔

Sexy Forty

마흔부터의 섹시함은
관능이 아니라 관록이다

40대는 중간의 연령대, 즉 중년이다. 이 중년이라는 말에 꼭 자부심을 가져 보자. 왜냐하면 진정한 섹시함은 중년부터이기 때문이다. 어리니까 예쁘던 시절의 풋풋함과 젊으니까 당연하던 미숙함을 채워 주는 성숙함과 노련함이야말로 이성의 시선과 마음을 끌어들이는 섹시함이 아닐까?

마흔부터의 섹시함은 관능으로 어필하는 것이 아니라 살아온 세월과 함께 어우러진 관록에서 나오기 때문에 여자의 일생을 놓고 봤을 때도 가장 섹시할 때가 바로 중년이라고 생각한다. 우아함이 몸에 배어 있고, 쉽게 당황하지 않고, 소란스럽지 않으며, 사소한 것으로는 움직이지 않는 관록 있는 여성은 정말로 섹시하다. 거기에 여자를 버리지 않는 느낌, 일생을 즐기는 모습이 스타일에까지 반영된다면 나이가 들수록 섹시해 보이는 것은 당연하다. 예뻐지려고 버둥대던 젊은 시절을 지나 나답게 아름다워지는 법을 깨우치고, 세상의 눈에 나를 맞추기보다는 스스로를 바라볼 줄 알게 되면서 그때는 알지 못했던 섹시함을 찾을 수 있을 것이다. 40대, 50대, 60대 그 이상이 되더라도 점점 싹이 트고 연마되는 섹시한 스타일! 여성의 섹시함은 불혹에 시작된다.

피부가 비칠 듯 말 듯한 소재를
사용해서 섹시함을 연출한다.
이렇게 살짝 비치게 입는
시스루(see-through) 룩을 연출
할 때는 특히 속옷 선택에
유의해야 교양 있게
보인다.

가슴이 훤히 보이는 것이
아니라 V넥 셔츠,
V넥 니트처럼
단추를 보일 듯 말 듯한
위치까지 한두 개만
풀어서 살짝
보이도록 하자.

청바지 같은
캐주얼 아이템이라도
타이트하면
섹시하게 보인다.

평범한 듯하지만
눈길이 머무는 스타일이다

섹시하게 보이는 마흔부터의 스타일은 과연 어떤 것일까? 많은 잡지나 방송을 보면 올봄은 로맨틱 스타일이라느니, 매니시 스타일로 승부하라느니 하며 스타일을 분류한다. 그러나 마흔부터의 스타일은 하나의 카테고리에만 속하진 않기 때문에 눈에 띄는 화려함, 혹은 유행하는 스타일과는 미묘하게 다르다. '평범한 것 같지만 눈길이 머무는 스타일'이라고 할 수 있는 그녀들의 스타일 위치를 표로 나타내 보았다. 트렌드, 클래식, 엘레강스, 페미닌 어느 곳에도 치우치지 않은 위치에 놓인다. 결국 모든 스타일에 넘쳐나지 않으니까 얼핏 보기에 평범하게 보이는 것이다.

하지만 평범하기만 하면 자칫 촌스러워질 수 있다. 평범+알파, 스타일을 살려 주는 이 알파의 비밀은 이 책을 마지막 페이지까지 넘겨서 느껴 보자. 평범한 아이템이라도 자기를 알고 개성 있게 연출하면 여성스러움을 잃지 않은 자기만의 스타일이 나온다. 섹시한 마흔의 스타일 위치는 매우 현실적이고 실용적이다. 어떤 장소에서도 극단적으로 뜨지 않고 자연스럽게 어우러지니까 존재감이 빛을 발한다.

트렌드:
세련되고
고급스러운
도시 감각의
시크한 이미지

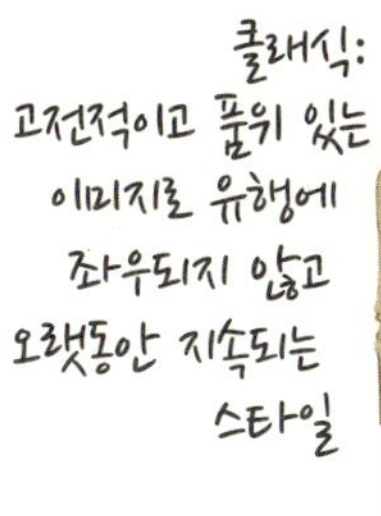

클래식:
고전적이고 품위 있는
이미지로 유행에
좌우되지 않고
오랫동안 지속되는
스타일

섹시한 마흔
= 트렌드 30% + 클래식 30%
+ 엘레강스 15%
+ 페미닌, 내추럴,
자기다움 25%

페미닌:
여성적인 사랑스러움
우아함 등이 색상이나
형태에서 강하게
표현되는
스타일

엘레강스:
여성스럽고 우아한
감성으로 차분하고
보수적인 이미지

내추럴:
자연의 색, 자연물을
모티브로 디자인하거나
표현

요란하지 않은 차분함이 섹시함의 핵심이다

나이가 있는데도 멋있는 그녀들의 스타일을 잘 관찰해 보면 요란하지 않은 심플함이 스타일의 핵심인 것을 알 수 있다. 잘 어울린다든지 하는 다른 사람의 시선 이전에 우선은 몸에 딱 맞는 것을 추구하고 있는 모습이다. 결코 주목을 끄는 스타일을 선택하지 않는다. 40년 이상 옷을 입어 온 경험이 자연스럽게 배어나는 스타일인 것이다. 심플한 아이템이 스타일의 주가 되는데, 모든 일이 그러하듯이 복잡해지면 세련됨과는 거리가 멀어지게 되는 법이다. 이러한 인생의 깨달음을 섹시한 마흔의 그녀들은 이해하고 있는 것처럼 보인다.

그녀들의 스타일에는 불필요한 장식이 없는 만큼 차분함이 있다. 대부분의 쓸데없는 요소가 제거된 결과 완성되는 것이 '세련', 섹시한 마흔이 목표로 해야 하는 것은 바로 이 자연스러운 세련미이다. 세련됨의 정체 가운데 하나는 둥그스름한 부분을 샤프하게 만드는 것이다. 따라서 둥그스름과 샤프함을 균형 있고 조화롭게 조합할 때, 누구에게나 숨어 있는 남성적인 요소를 끌어내서 내 것으로 만들 때 여자는 세련되어진다.

헤어스타일은 공기를 머금은 듯한 볼륨감이 느껴지도록 스타일링한다.
재킷의 윗단추 하나만 채우면 가슴의 위치가 높게 보여서 라인이 살아난다.
진주 목걸이가 보일 듯 말 듯한 위치까지 단추를 풀어서 쿨한 인상을 준다.
셔츠와 함께 한 번 접어 올려서 가냘픈 손목을 드러내면 여성스러움이 더해진다.
너무 단정하게 입는 것은 경직되어 보일 뿐 아니라 창의와 유연함을 강조하는 시대 느낌과도 맞지 않는다.

유행을 입지 말고
감각을 입어라

인터넷 쇼핑이 발달하면서 점점 싼 옷은 넘쳐나고, 유행은 매주 바뀌는 것 같다. 아무리 싸고 유행하는 아이템이라고 해도 이제 마흔 아니던가? 자기에게 어울리지 않는 것은 쳐다도 보지 말아야 할 나이라는 이야기다. 아무리 싸고 마음에 드는 유행이라고 하더라도 전신을 유행하는 아이템으로 도배하는 것은 자칫 품위 없고 천박하게 보일 수 있다. 그렇다고 해서 유행을 무시하고 역사를 느끼게 하는 스타일로는 고지식하고 지루한 사람으로 보일 수 있기 때문에 언제나 그 완급 조절을 잘 하는 게 관건이다.

TV 속 여주인공이 입고 나온 이번 시즌의 핫한 유행 컬러를 어떻게 사용하면 스마트한 것일까? 정답부터 말하자면 마흔부터 우아하게 연출할 수 있는 트렌드감은 전신 중 20% 정도면 딱 좋다. 색으로 디자인으로 때로는 소재로 물론 주목받는 브랜드로 도입해도 좋다. 다만 아주 조금, 포인트 효과를 줄 수 있는 20%를 목표로 하면 감각 있어 보인다. 이것만 잊지 않는다면 어떤 유행이라고 해도 거부감 없이 어른스러우면서도 심플한 스타일로 완성될 것이다.

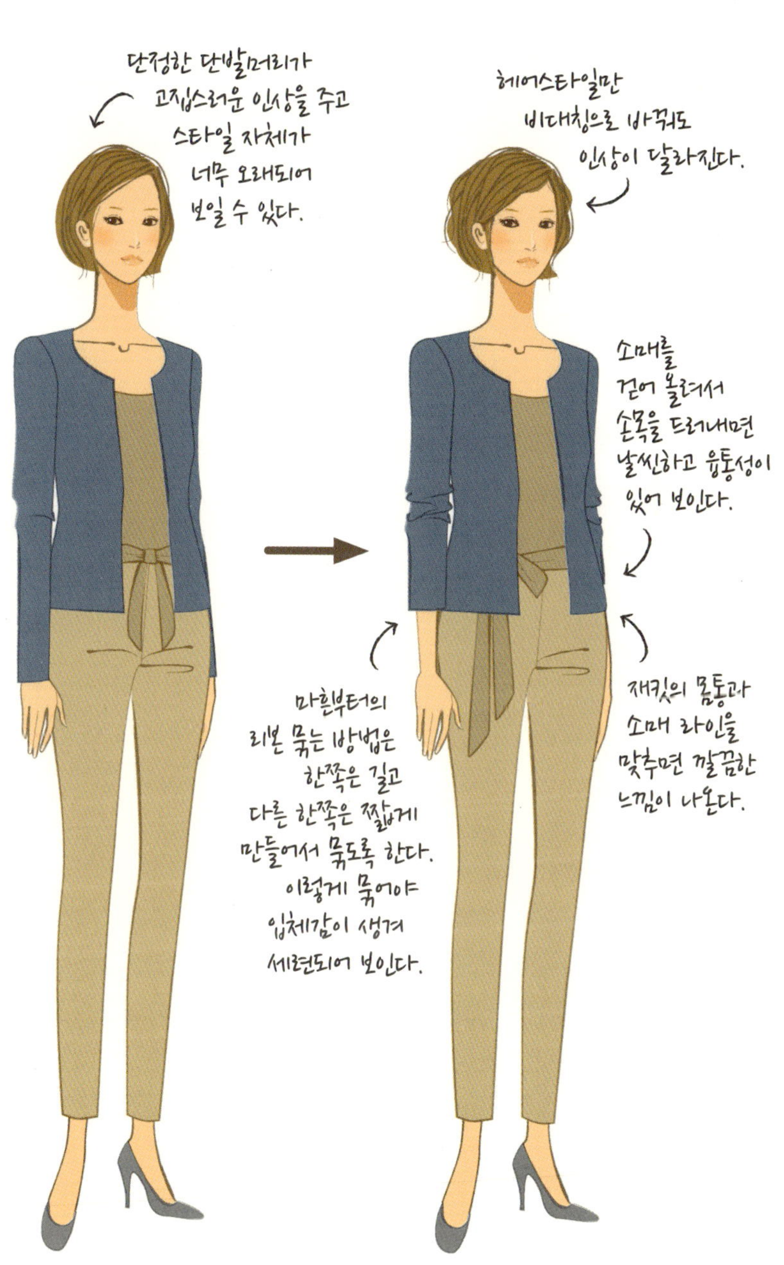

단정한 단발머리가 고집스러운 인상을 주고 스타일 자체가 너무 오래되어 보일 수 있다.

헤어스타일만 비대칭으로 바꿔도 인상이 달라진다.

소매를 걷어 올려서 손목을 드러내면 날씬하고 융통성이 있어 보인다.

마흔부터의 리본 묶는 방법은 한쪽은 길고 다른 한쪽은 짧게 만들어서 묶도록 한다. 이렇게 묶어야 입체감이 생겨 세련되어 보인다.

재킷의 몸통과 소매 라인을 맞추면 깔끔한 느낌이 나온다.

빈틈을 만들어서
상대에게 여운을 남긴다

마흔부터의 매력은 팜므파탈의 치명적인 그것이 아니다. 서서히 다가가서 서서히 발산하는 여유 있는 매력을 발휘해야 한다. 이러한 여운이 남는 매력을 남기는 요령은 어딘가에 '빈틈'을 만드는 것이다. 더구나 요즘처럼 창의적이고 유연함을 요구하는 시대에 전신을 너무 단정하게 연출하면 경직되어 보일 뿐이다. 완벽한 스타일을 만들지 말고 어딘가 빈틈이 보이도록 러프한 부분을 남기는 것이 스타일에서도 요구된다.

한 오라기의 흐트러짐도 없는 올백 머리 중년 여성은 섹시하기는커녕 고집 센 아줌마로 보일 수 있다. 이런 스타일 보다는 머리카락으로 옆얼굴을 살짝 가리거나 하면 얼굴 전체가 보이지 않고, 표정을 알 수 없게 되어 그 사람에 대해 알고 싶다는 궁금증을 자아낸다. 전부를 완벽하게 드러내지 않으니까 더욱 알고 싶다, 가까이 다가가고 싶다고 느끼게 되는 것이다. 누군가를 서서히 다가오게 해서 서서히 매력을 발휘해 가는 것이야말로 사람을 편안하게 만드는 힐링의 이미지까지도 함께 전달할 수 있다.

목걸이의 길이를
허리선에 맞춰서
조절한다.
이거 하나만으로도
충분히 세련되게
느껴진다.

긴 머리를 손으로
빗어서 엉클어뜨리듯이
완성하면 자유로운
느낌을 준다.

코르사주의
위치를 약간
위쪽으로 하면
바스트 업
효과가 있다.

누구나 위로받고
싶은 시대에
완벽하고 빈틈없는
스타일은 자칫
불편하다고
느껴질 수 있다.

상큼함과 경쾌함이
배어나와야 한다

마흔부터의 스타일에 어둠을 연상시키는 뇌쇄적인 섹시함을 드러내는 것은 자칫 천박하게 보일 수 있다. 긍정적이고 깔끔한 여운을 남기는 게 오히려 섹시하게 전달된다. 그렇게 경쾌하면서 섹시한 느낌을 주는 여성을 잘 관찰해 보면 공통적으로 상큼하다는 인상을 받는다. 그녀들만의 상큼함이란 어떻게 표현되는 것일까? 엄밀하게 말하면 표현하는 것이 아니라, 자연스럽게 그 여성으로부터 배어나오는 것이다.

네이비 재킷에 흰 셔츠를 입었는데 소매나 칼라의 커프스가 꼬질꼬질해 보이거나, 손톱 끝의 매니큐어가 벗겨져 있다거나, 구두의 더러움이 눈에 띈다면 상큼한 인상과는 전혀 거리가 멀다. 전날 미리 스타일을 생각했다면 지저분하고 게으른 인상을 줄 일은 전혀 없을 것이다. 이처럼 꼼꼼하게 스타일을 생각하는 섬세한 계산과 내일을 준비하는 내면이 옷을 입었을 때 그 사람의 상큼함으로 이어지는 것이다. 스타일은 옷만으로 완성되지 않는다.

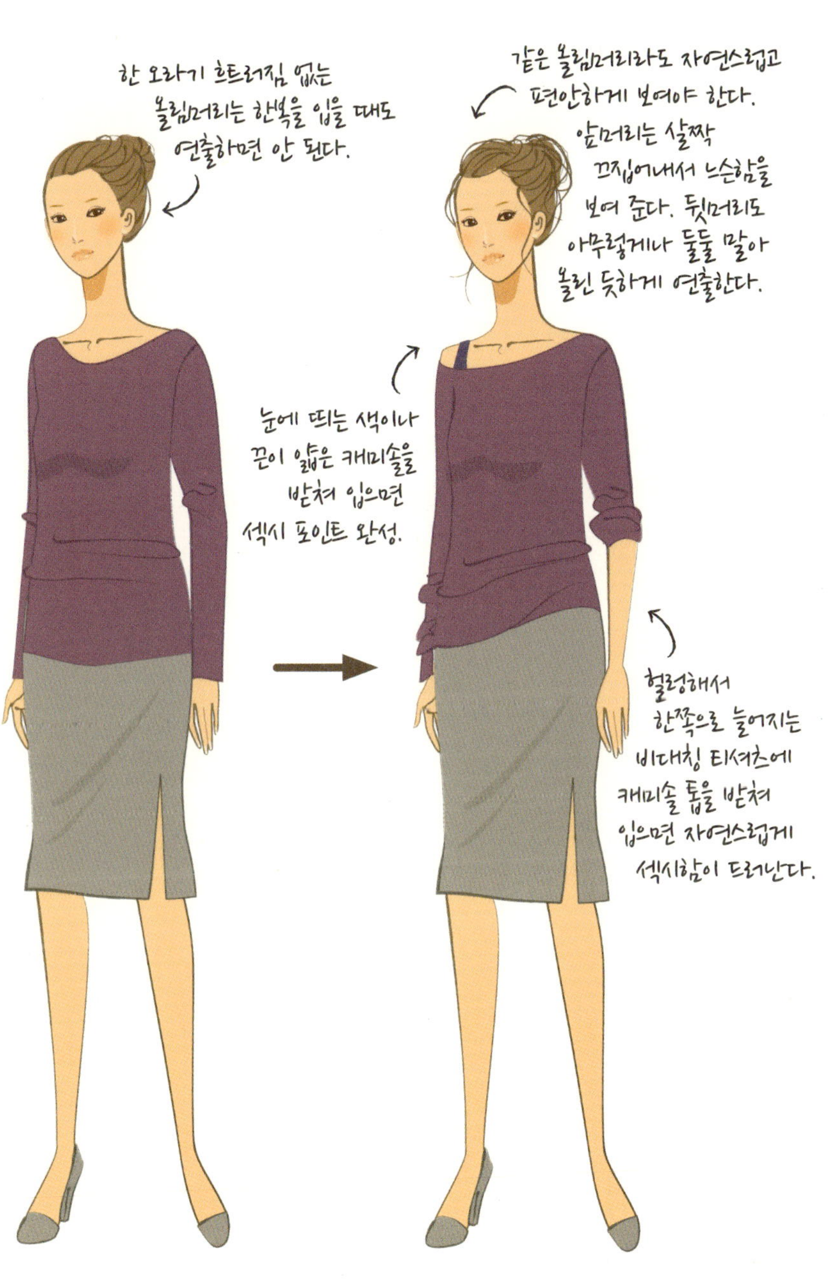

한 오라기 흐트러짐 없는
올림머리는 한복을 입을 때도
연출하면 안 된다.

같은 올림머리라도 자연스럽고
편안하게 보여야 한다.
앞머리는 살짝
끄집어내서 느슨함을
보여 준다. 뒷머리도
아무렇게나 둘둘 말아
올린 듯하게 연출한다.

눈에 띄는 색이나
끈이 얇은 캐미솔을
받쳐 입으면
섹시 포인트 완성.

헐렁해서
한쪽으로 늘어지는
비대칭 티셔츠에
캐미솔 톱을 받쳐
입으면 자연스럽게
섹시함이 드러난다.

개성이 묻어나야
특별하게 섹시하다

모델이라고 해도 바비 인형처럼 완벽한 비율을 가지지는 않는다. 하물며 우리와 같이 평범한 사람은 한 사람 한 사람 몸의 비율이 다른 것이 당연하다. 목이 가늘고 긴 사람도 있고, 가슴이 큰 사람도 있다. 어깨 폭이 너무 좁은 사람도 있고, 허벅지가 굵은 사람도 있다. 이처럼 다른 사람과 자신의 체형이 다른 부분을 확실하게 아는 것부터 스타일은 시작된다. 그동안 신체적 단점이라 생각하는 부분을 감추는 데 중점을 두었다면 지금부터는 자신이 사랑해야 하는 나만의 개성이자 매력 포인트라고 받아들여 보자.

나만을 위한 맞춤 옷이 아닌 한 우리가 입는 기성복은 불특정 다수의 사람들을 위해 만들어진 것이다. 평균치를 잡아서 만들었기 때문에 소매, 길이, 허리가 자신의 몸에 맞지 않는다고 좌절할 이유가 전혀 없다. 다만 자신이 가장 아름답게 보이는 셔츠 깃을 세우는 방법이나, 소매를 걷어 올리는 방법, 단추 여는 방법 등을 찾아보자. 똑같은 옷이라고 해도 입는 방식을 달리하면 나만의 스타일로 완성된다.

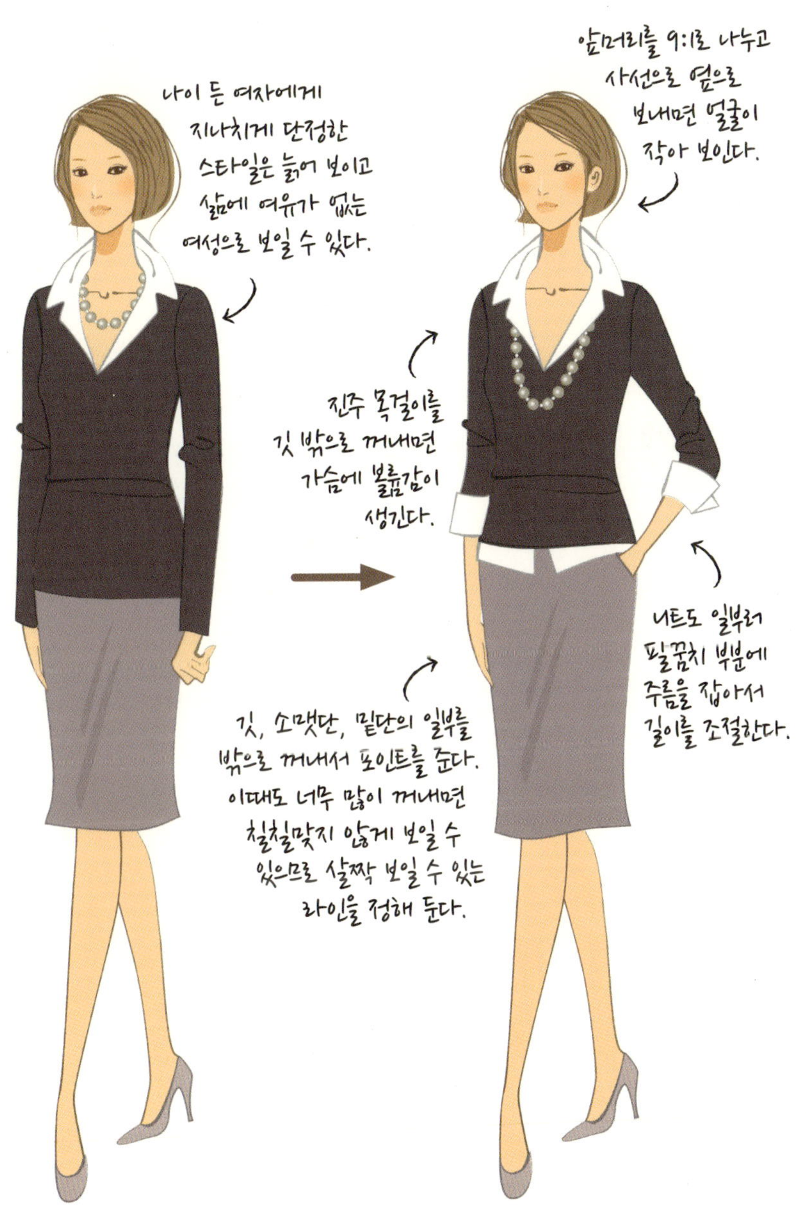

나이 든 여자에게
지나치게 단정한
스타일은 늙어 보이고
삶에 여유가 없는
여성으로 보일 수 있다.
앞머리를 9:1로 나누고
사선으로 옆으로
보내면 얼굴이
작아 보인다.
진주 목걸이를
깃 밖으로 꺼내면
가슴에 볼륨감이
생긴다.
너트도 일부러
팔꿈치 부분에
주름을 잡아서
길이를 조절한다.
깃, 소맷단, 밑단의 일부를
밖으로 꺼내서 포인트를 준다.
이때도 너무 많이 꺼내면
칠칠맞지 않게 보일 수
있으므로 살짝 보일 수 있는
라인을 정해 둔다.

그 누구도 아닌
어제의 자신과 비교하라

어렸을 때는 친구들이 눈에 띄는 아이템을 걸치고 나오면 그게 어디 것인지, 어디서 살 수 있는지가 너무 궁금했었다. 하지만 어울리는 아이템만이 그 사람을 예뻐 보이게 한다는 사실을 깨달으면서부터 친구들 간의 시샘 같은 것은 하지 않게 되었다. 이렇게 점점 나이가 들고 서로의 개성을 인정하면서 아이템에 대한 경쟁심은 하나둘 사라진다. 다른 사람과 비교하지 않고 자신의 개성을 살려야 섹시한 마흔이 될 수 있다는 것을 깨닫게 된다.

따라서 멋있는 중년이 되기 위해 필요한 것은 자신을 발견하는 작업이다. 끝없이 자기 자신을 비교해서 바라보고 경쟁하는 것이 방법이다. 예를 들어 어제의 자신과 오늘의 자신을 비교해 보자. 거울 앞에서 옷을 갈아입거나 변신해서 어제의 자신과 비교해 심사한다. 그것이 자기다운 멋을 즐기는 마흔부터의 진짜 스타일을 가져다줄 것이다. 이런 날들이 쌓이다 보면 자신을 가장 아름답게 보여 주는 스타일을 발견하게 되고 옷을 입는 것이 더욱 즐거워진다. 즐거움이 담긴 스타일은 당신을 더욱 빛나게 해줄 것이 분명하다.

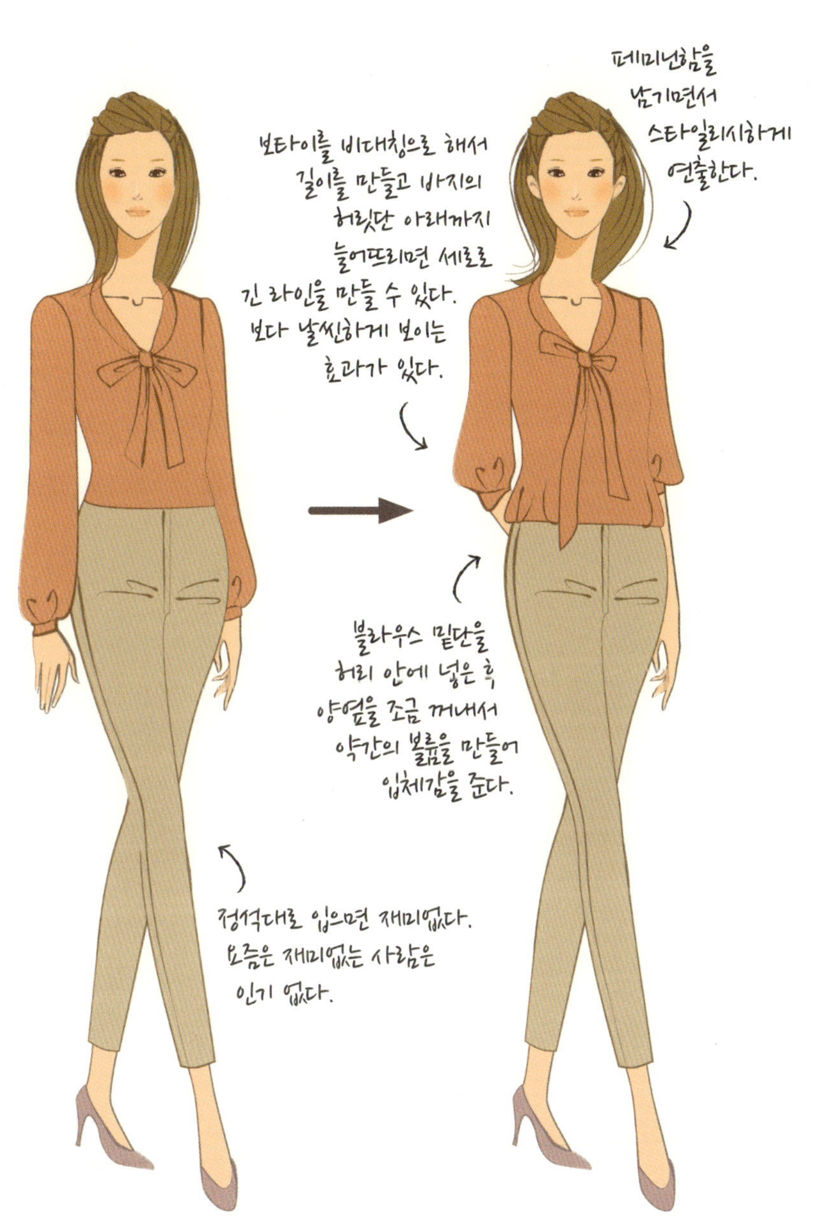
보타이를 비대칭으로 해서
길이를 만들고 바지의
허릿단 아래까지
늘어뜨리면 세로로
긴 라인을 만들 수 있다.
보다 날씬하게 보이는
효과가 있다.

페미닌함을
남기면서
스타일리시하게
연출한다.

블라우스 밑단을
허리 안에 넣은 후
양엽을 조금 꺼내서
약간의 볼륨을 만들어
입체감을 준다.

정석대로 입으면 재미없다.
요즘은 재미없는 사람은
인기 없다.

낯선 여자에게서 내 여자의 향기가 떠올라야 한다

향수는 다른 사람에게 자신의 이미지를 기억시켜 줄 수 있는 아이템 중 하나다. 따라서 향기는 후각으로 시각적 이미지를 만들어 내는 이미지 메이킹의 중요한 요소이다. 어떤 사람을 기억하게 하는 데는 의외로 목소리나 향기 등의 영향이 더 크다는 사실을 알 수 있다. 따라서 마흔부터의 스타일에는 반드시 향기를 갖추도록 하자.

20대의 향수는 멋내기 수단이기 때문에 자신의 취향에 따라 골라서 뿌렸다면 마흔부터의 향수는 타인에 대한 배려가 담겨 있어야 한다. 타인에 대한 배려가 담긴 향수란 유행하거나 선물 받은 향수가 아니라 자신의 체취와 잘 어울리는 향수를 말한다. 자신의 체취와 잘 어울리는 향수는 은은한 잔향이 남아 사람들을 만났을 때 무슨 향수를 썼는지 묻는 경우가 많다. 그런 향수라면 반드시 자신의 향수로 정해 두면 된다. 그리고 향수 사용에는 무엇보다 매너가 중요하다는 점을 잊지 말자. 레스토랑이나 문병을 갈 때, 장례식장 등에 진한 향기를 품고 들어오는 것은 악취와 다르지 않다. 향수는 여자가 여인으로 변신하기 위해서 반드시 갖춰야 할 필수 아이템이다.

귀 뒤, 목
팔꿈치 안쪽
손목 안쪽
무릎 안쪽
향수는 귀 뒤, 목, 팔 안쪽,
무릎 부위에 조금씩 뿌린다.
마무리는 향기로.
40대라면 완숙미와
섹시함을 풍기는 향수를
권하고 싶다.
바람이 불면
향기가 감돈다.
같은 향수를 뿌렸다고 해도
향기는 미묘하게
다르게 자기향으로
변한다.

당당한 섹시함은 C라인에서 나온다

나이가 들면서 제일 먼저 흐트러지기 쉬운 것이 자세와 걸음걸이이다. 무심코 배를 내밀고 서 있는 자세는 피로감과 무기력을 느끼게 하고, 축 처져서 땅을 쳐다보며 걷는 모습은 소매치기의 목표물로 보일 뿐이다. 머리 위에서 무언가로 당기고 있는 듯한 쫙 펴진 바른 자세를 갖추고 있는 여성을 보면 긴장감이 있고, 당당하다는 느낌을 받을 수 있고, 경쾌하고 빠른 걸음걸이는 누가 보더라도 의욕적이고 생기 있는 아름다움을 느끼게 해준다.

우선 등을 쫙 펴서 C자 곡선을 만들어 보자. 이렇게 하면 가슴은 풍만하게 보이고 팔뚝도 얇아 보인다. 엉덩이는 올라가고 허리 위치도 높아진다. 아랫배에 힘을 줘서 쏙 들어가게 하고, 머리 위에서 뭔가로 부터 끌어올려지고 있다고 의식해 보자. 이렇게 하면 어딘가 몸의 중심에 축이 있는 것처럼 생각이 되어서 자연스럽게 다리에도 힘이 들어가고 다리 근육도 조여 주게 된다. 이처럼 등 근육이 쫙 펴진 C라인과 경쾌한 걸음걸이를 의식하는 것만으로도 섹시한 매력을 발산할 수 있다. 20대는 S라인, 30대는 V라인으로 어필한다면 40대부터는 C라인이다.

턱을 약간 당긴 듯한
상태에서 시선은 정면을
본다. 땅을 보면
C라인은 바로 무너진다.

단 1분이라도 괜찮다.
굽어진 둥근 등을 쫙 펴 본다.
등의 C라인 곡선을 의식하는
것만으로도 자세가
달라진다.

서 있는 것만으로도
매력적으로 보이려거면
뒷발에 무게 중심을 둔다.
앞발에 두는 것보다
훨씬 키가 커 보이는
효과가 있다.

마흔부터는 쇄골을 드러내도 과감하게 안 보인다

여성에게 있어서 최고의 액세서리를 꼽으라면 쇄골, 손목, 발목 이 3곳이다. 아무리 추운 겨울날에도 쇄골, 손목, 발목을 드러내면 어느 자리에서든지 은근한 섹시함과 여성스러움이 물씬 풍겨난다. 특히 쇄골은 나이가 들수록 자신감을 갖고 당당하게 노출해도 되는 곳이라 할 수 있는데, 왜냐하면 나이가 들고 살이 아래로 처지면서 예전엔 보이지 않던 쇄골 뼈가 점점 드러나기 때문이다. 쇄골을 드러내 보이는 것으로 앙상한 뼈의 느낌을 전달할 수 있으니 나이 든 여성만의 섹시 어필 포인트라 할 수 있다.

가슴이 큰 여성은 쇄골을 드러내는 것에 부담을 느끼는 경우가 많다. 가슴을 숨기려고 검정 터틀넥들을 많이 입는데 이러면 오히려 가슴이 더욱 강조되어 묘하게 보일 수 있다. 가리는 것보다 쇄골을 드러

내는 쪽이 상당히 날씬하게 보이고 가슴이 덜 강조된다. 또 추위를 많이 타서 목을 드러내기 싫다는 얘기도 많이들 하는데 머플러 등으로 목 주위를 감싸면 충분히 따뜻하다.

이제부터는 쇄골 부위를 대담하게 열어 보자. 이 몇 cm의 차이로 여성스러움과 섹시함이 늘어나는 것이다. 또 쇄골을 드러내면 얼굴이 작아 보이게 하는 효과까지 있다. 그러니 이제부터는 옷을 고를 때에도 목까지 올라온 것보다 쇄골이 보이는 티셔츠나 니트를 선택해 보자. 셔츠를 입을 때에도 가슴골이 아슬아슬하게 보이는 곳까지 단추를 열어 본다. 목이 길어 보이면서 드러난 쇄골이 날씬함과 섹시함 모두를 가져다줄 것이다. 자, 이젠 더 이상 쇄골을 숨겨야 할 이유가 없지 않은가?

둥근 네크라인이
쇄골을 조금이라도
보이면 전체적으로
샤프한 인상을
가져다준다.

V넥을 입을 때도
쇄골이 모두 나오도록
많이 벌어진 V넥을
고르도록 하자.
같은 V넥이라도
느낌은 천지 차이이다.

같은 라운드 네크라인의
마오 칼라라고 해도
쇄골을 가리느냐
아니느냐로 차이가
확연하다.

이제부터는 터틀넥을
입더라도 목에
밀착하는 것은 피하고
쇄골이 보이도록 약간 아래로
늘어지는 형태의 것을 입자.
훨씬 세련되게 보인다.

과잉 노출보다
과잉 곡선으로 승부하라

의복은 선의 구성에 의해 형태가 만들어지므로 패션 디자인에서 선을 어떻게 다루느냐에 따라 옷을 입은 사람이 아름답게 보이기도 하고 그렇지 못하기도 한다. 이러한 선은 크게 직선과 곡선으로 나누어지는데 일반적으로 직선은 명쾌하고 단순하여 남성적인 느낌을 주고, 유연하고 여성스러운 곡선은 착용자에게 부드러운 인상을 주는 반면 부피감을 더해 주기도 한다.

다음의 일러스트를 비교해 보자. 왼쪽 일러스트는 헤어스타일과 옷의 라인이 모두 직선적으로 그려져 있다. 청순하다고 보일지도 모르겠지만 어딘가 여성스러운 느낌은 적다. 반대로 오른쪽은 곡선적으로 그리고 있다. 비교해 봤을 때 훨씬 여성스럽고 섹시하게 보인다. 이처럼 곡선은 분명 여성의 라인이다. 따라서 이 곡선적인 보디라인을 잘 활용하면 여성스러운 아름다움이 두드러져서 섹시함이 한층 올라간다. 마흔부터의 섹시함은 과잉 노출이 아닌 전신의 곡선을 많이 드러내는 것에서 살아난다는 점을 명심하자.

직선이 많은
옷은 청순하게
보인다.

헤어스타일은
약간 부스스한 느낌의
곡선 웨이브가
여성스러움을
강조한다.

셔츠도 주름을
만들어서
입체적으로
연출한다.

같은 옷이라도 몸에
타이트하게 딱 맞는
것을 골라, 몸의 곡선을
따라 전체 핏을
모래시계형으로 만들면
과하지 않은 섹시함을
연출할 수 있다.

여인의 귀여움은 옷이 아닌 상냥함에서 나온다

나이를 먹으면서 체력은 떨어지고 피부에 탄력은 없어지고 시들어 가는 듯한, 이런 세월의 지표에 관대하고 무심한 태도를 보일 수 있는 여자가 몇이나 될까? 더구나 유난히 나이 어린 여자에 대한 대우가 특별한 한국 사회에서 나이 든다는 건 사회적 지위나 경제적 여건 혹은 인격에 상관없이 여자를 주눅 들게 할 때가 많다. 그렇다고 한 살이라도 어려 보이기 위해서 머리에는 리본 핀을 꽂고, 동그랗게 볼 터치를 하고, 프릴이 가득한 원피스에 대각선으로 핸드백을 메고, 리본이 달린 펌프스까지 신고 등장한다면 유치하고 나잇값을 하지 못한 여자로 보일 뿐이다.

스타일에도 나이가 있다. 따라서 지나치게 귀여운 아이템은 딸에게 물려준다 생각하자. 어른 여성 즉, 여인에게 어울리는 디자인과 소재를 골라서 거기에 귀여운 요소를 약간만 더하면 여인으로서의 귀여운 패션을 즐길 수 있다. 이것이 진정한 어른스러운 귀여움이다. 그리고 귀여운 어른에게는 반드시 상냥함이 함께 한다. 따라서 귀여운 여인이 되려면 옷이 아닌 상냥함에 힘써야 하는 것이다.

어린아이가
입어야 할 것 같은
귀여운 디자인의
원피스는 나이 든
얼굴을 더욱 강조할 뿐이다.

사과 머리와
포니 테일은
어른의 귀여움에도
적당하다.

이런 디자인의 원피스는
가슴과 허리가 아직
생기지 않은 어린아이는
절대 입을 수 없는
스타일이다.

어른 여성이라면
스커트를 입었을 때는
맨 다리나 무늬가 없는
타이츠나 스타킹을
신는다.

무릎까지 오는 양말까지
신는다면 어려 보이고 싶어
발악하고 있는 것으로 보인다.
유치원에 가면 많이
보이는 스타일이다.

스타일에 성숙함이 없으면
유치하게 보인다

어른스러운 귀여움을 연출하라고 해서 귀엽고 러블리한 아이템들을 모두 입지 말라는 것이 아니다. 입기는 입되 지나치게 여성스럽지 않도록 신경을 써서 입으면 여성스러우면서도 세련되게 보인다. 예를 들면 리본이 달려 있는 블라우스라면 리본을 빼버리거나 리본 대신 벨트로 바꾸거나 하는 식으로 샤방샤방한 느낌을 절제해서 입는 것이다. 아니면 블라우스 이외에 일체 여성스러운 아이템을 도입하지 않는 식으로 입는다. 다시 말해 러블리한 블라우스에 야리야리한 스커트를 맞추는 것이 아니라 매니시한 팬츠와 맞추어 입거나, 레이스가 주렁주렁한 카디건과 함께 입는 것이 아니라 빈티지 가죽 재킷과 함께 입는 식이다.

이처럼 매니시하고 심플한 아이템으로 지적이면서 시크한 스타일의 베이스를 만들고, 달콤하면서 부드러운 여성스러움을 조금만 가미하는 것이 딱 좋다. 매니시하고 심플한 아이템을 70%, 여성스럽고 러블리한 아이템을 30% 정도로 연출하면 언제 어느 자리에서든지 어른스러우면서도 귀여운 스타일을 연출이 가능하다.

리본을 묶을 때는
일부러 길이의 차이를
두는 것이 움직임이 생겨나서
세련되게 보인다.

마오 칼라도
단추를 열어서 러프하게
입는 것이 스타일리시하다.
여성스러움을 억누르는
역할도 한다.
어른스럽게 귀여움을
연출하는 방법이다.

심플한 장식이 없는
하의로 어른스러움을
나타낸다.

실크 블라우스에는
빈티지 느낌의 데님과
함께 입어서
대비를 준다.

자신만의 아우라가 담긴
스타일을 찾아야 한다

어릴 때는 아무래도 눈에 띄는 독특한 디자인에 손이 가기 마련이다. 그런 젊은 시절의 감각으로 아직도 옷을 고르고 있다면 스타일은 매번 실패하기 쉽다. 점점 나이가 들수록 디자인이 아니라 소재를 보는 안목을 키워야 한다. 정반대되는 소재끼리 맞추면 스타일의 폭이 커져서 입는 사람의 존재감은 강하게 다가오고 매우 섹시한 느낌을 준다. 예를 들면 캐멀색 빈티지 가공의 가죽 재킷을 입는다고 할 경우에 회색 니트를 맞출 때와 얇은 레이스 블라우스를 맞출 때, 어느 쪽이 인상에 남을까? 분명히 블라우스가 입은 사람의 캐릭터를 보다 확실하게 전달해 줄 것이다. 속살이 은은하게 비치는 부드러운 소재의 블라우스가 가죽 재킷의 와일드한 매력을 돋보이게 해주고 반대로 가죽이 레이스의 달콤함을 더욱 깊게 만들기 때문이다.

이처럼 청바지, 카고 팬츠, 플란넬 팬츠, 가죽 재킷 등 매니시한 아이템을 입을 때는 시폰, 실크, 레이스 등의 여성스러운 소재를 믹스해서 연출한다. 소재가 갖는 이미지도 생각하면서 스타일링하면 자기다움이 생겨나서 인간적인 매력까지도 발산할 수 있다.

시폰의 프릴이나 리본 블라우스는
너무 러블리하게 보이기
쉬운 아이템이다. 이것을 보다
어른스럽게 연출하려면
우선 허리의 리본부터
빼 버리고 목의 리본 타이는
묶지 않는다.

발 주위도
캐주얼하게
보이도록 편한
샌들을 신는다.

리본이나 코르사주가 붙은
티어드 스커트를
금속 장식이 달린 2중
얇은 벨트로 바꾼다.
로맨틱한 느낌이
억제되도록 상의는 딱 붙고,
깔끔하고, 심플한 것이 스커트와
잘 어울린다.

되고 싶은 자신을
이미지화하는 것부터 시작이다

모든 것은 되고 싶은 자신을 이미지화하는 것부터 시작된다. 우선 어떻게 보이고 싶은지를 상상해 보자. 한 사람의 여성으로서 어떻게 되고 싶은가를 항상 생각해서 자기 자신을 만들어 가는 것이 필요한 나이이다. 중년에 더욱 멋있게 입을 수 있다는 화이트 셔츠, 그레이 팬츠, 블랙 니트와 같은 베이직 아이템은 그 아이템만 입으면 오히려 초라하게 보이기 쉽다. 초라함을 원하지 않는다면 옷을 입기 전에 우선 어떤 이미지로 보이고 싶은 것인지부터 정하는 일이 무엇보다 중요하다.

예를 들어 화이트 셔츠에 그레이 슬림 팬츠를 입는다고 해 보자. 시크하고 당당한 여성을 표현하고 싶은 사람과 섬세하고 여성스러움을 표현하고 싶은 사람은 선택하는 소품도, 포인트 색도, 메이크업과 걸음걸이까지도 모두 되고 싶은 자신의 모습에 따라 달라져야 한다. 똑같은 옷이라도 목표하는 이미지에 따라 확연히 다른 자기만의 스타일이 나올 것이다. 평소부터 자기 자신을 잘 관찰하고, 거기에 앞으로 어떤 여성이 되고 싶은지 확실한 이미지를 갖게 된다면 자기만의 스타일을 얻을 수 있다.

캐멀색 악어 무늬 벨트에
큼지막한 시계, 에스닉한 팔찌와
옐로우 골드의 뱅글을 겹쳐서 하고,
샹들리에 타입의 큰 귀걸이를
착용한다. 브라운 보스턴
핸드백을 들고, 브라운
앵클부츠를 신는다.

진주 목걸이를 늘어뜨리고
그레이 팬츠와 같은 색 계열의
스카프를 벨트 대용으로 하고,
검정 에나멜 소재의
작은 핸드백에, 같은 에나멜
펌프스를 신는다.
카메오 반지를 끼고,
새빨간 카디건을 어깨에 두르는
식으로 연출하면 이미지에
부합하는 스타일이 나온다.

피팅룸 안에서 숨겨진
섹시함을 발견하라

요즘 많이 눈에 띄는 ZARA, 유니클로, H&M, GAP, 8세컨드 등 일명 패스트 패션 브랜드들은 비교적 가격도 합리적이고 최신 트렌드를 반영한 디자인들로 점점 우리들 생활 속에 자리 잡아가고 있다. 간혹 젊은 애들 옷만 있는 곳이 아닌가라고 생각하는 사람도 있는데 마흔부터의 스타일을 원한다면 이 패스트 패션의 피팅룸을 잘 활용하자. 숨겨진 자신의 섹시함마저도 발견할 수 있다. 무엇보다 점원들이 따라다니지 않기 때문에 자유롭게 입어 보고 체크해 볼 수 있고, 실컷 입어 보고 나서도 꼭 사야 된다는 부담감이 없기 때문에 자신에게 어울리는 아이템을 찾아낼 수 있는 보물 창고 같은 곳이다.

스타일은 분명 옷을 많이 입어 볼수록 생겨난다. 따라서 이렇게 눈치보지 않고 실컷 옷을 입어 볼 수 있는 패스트 패션의 피팅룸을 적극적으로 활용하면 자신에게 어울리는 색이랑 스타일의 옷을 찾아낼 수 있다. 그 수많은 옷들 중에서 자신에게 어울리는 옷을 찾아내는 훈련을 계속하다 보면 비싼 브랜드 제품이 스타일을 가져다주지 않는다는 사실도 깨닫게 될 것이다.

활발하고 건강한 이미지,
겹쳐 입기를 할 때도
비비드 컬러를 더해서
화사하게 보인다.

목둘레의 커팅에
신경을 써서 선택한
티셔츠

레이스 업 슈즈를
신어서 액티브하게
연출한다.

바짓단을 롤 업해서
발목을 가늘게
드러내면 어른스럽게
보인다.

셔츠를 핫 팬츠와 함께 입으면 액티브하게 보인다.

같은 셔츠로 러프하게 입으면 어른스러운 취향이 드러나서 훨씬 멋스럽게 보인다.

부츠를 신어서 활동적으로 보이게 연출한다.

발은 힐을 신어서 단정하게 보이도록 한다.

카디건과 함께 매치해서 부드러운 이미지를 연출한다.
재킷과 함께 매치해서 단정한 어른스러움을 연출한다.
납작한 샌들을 신어서 편안한 느낌을 준다.
웨지힐을 신으면 어른스러운 여성스러움으로 마무리된다.

딱 맞는 사이즈가
딱 좋은 섹시함이다

특별히 맞춤복을 입지 않는 한 많은 여성들은 기본적으로 기성복을 입는다. 기성복이 완벽하게 맞는 몸은 거의 없다. 그런데 항상 자신의 사이즈는 OO이라고 규정짓고 있지는 않은가? 생각해 보면 겨우 3~4개의 사이즈 안에서 자신의 사이즈에 딱 맞는 한 장을 고르는 것은 매우 어려운 작업이다. 그러니까 마흔부터의 스타일을 실천하려면 일단 자신의 사이즈에 대한 고정관념을 갖지 말 것을 권한다.

하의를 입어 보고 허리가 들어 갔다고 해서 안심해서 구입하지 말고, 그보다 한 사이즈 아래의 것도 입어 본다. 들어갈까? 안 들어갈까? 체크하라는 것이 아니라 자신에게 피트하고 있는가를 보는 것이다. 같은 디자인이라도 반드시 두 사이즈 이상 입어 보도록 하자. 특히 수선 등으로 조절하기 어려운 어깨 폭이나 가슴, 엉덩이의 피트감 등은 주의 깊게 체크를 하자. 이 습관을 들이면 자신에게 어울리는 딱

맞는 사이즈의 맞춤옷처럼 보이는 기성복 한 벌을 만날 수 있게 될 것이다.

고무줄 치마나 몸뻬 바지처럼 여유 있는 디자인이나 사이즈의 옷이 아니라 이렇게 몸에 딱 맞는 옷을 입으면 생활 속에서 디이어트를 할 수 있게 된다. 자신의 허리에 꼭 맞는 바지나 치마를 입었을 때 평소보다 조금만 더 먹어도 숨쉬기조차 어렵다고 느낀 경험들이 있을 것이다. 몸에 딱 맞는 옷을 입으면 나도 모르게 3kg이 더 늘었다고 하는 사태는 저절로 막아진다. 1.5kg 정도의 살만 쪄도 옷에서 이미 불편함을 느낄 테니까. 3kg을 빼는 것은 힘들지만 1.5kg라면 사람에 따라서는 하루에 감량이 가능한 것이 아닐까?

전신의 핏이 살았을 때
나타나는 등의 아름다운 곡선과
드러난 발목이 섹시함을
느끼게 한다.

리본의 매듭 길이가
다르게 마무리되어야
스타일이 산다.

지퍼를 거의 가슴이
보일락 말락한 곳까지
내리면 바스트 업
효과가 있다.

위는 하드한 가죽 상의,
아래는 부드러운 실크 스커트의
주름이 서로를 돋보이게
해서 더욱 날씬하고
섹시하게
연출해 준다.

쇄골을 보이게 해서
아름다운 가슴을
강조하면 팔뚝이나
배의 볼륨은
보이지 않는다.

모든 사이즈가
빈틈없이 딱 맞는다.
아이템이 남성적이라도
타이트하면
섹시함은 저절로
생겨난다.

무릎 아래
라인이 날씬하게
보이는 바지를
찾아라.

벨트 매듭에 숨은 기술!
상반신에 가는 벨트가
하반신을 더욱 날씬하게
보이도록 한다.

보일 듯 말 듯,
비칠 듯 말 듯하게 입어라

기본이라 불리는 옷들인 트렌치코트, 데님, 니트, 셔츠 등은 잘 입으면 나이가 들수록 멋있게 보이는 옷임이 분명하다. 그러기 위해서는 10대부터 입어 왔던 평범한 옷들을 똑같이 입는 것이 아니라 자기답게 소화해서 스타일링의 변화를 주어야 한다.

특히 마흔부터의 스타일에 도입하고 싶은 것은 시선이 바로 꽂히는 포인트를 주고 동시에 러프하게 보일 수 있도록 정석대로 입지 않고 느슨하게 풀어 주는 부분을 만드는 것이다. 이렇게 연출하면 자신만의 장점을 살릴 수 있고 당당하게 보이기 때문에 존재감과 개성을 돋보이게 해준다. 이 스타일링에 의해서 한평생 입어 왔던 평범한 아이템이라고 해도 젊었을 때보다 나이가 들수록 멋지게 보이는 것이다. 주의할 것은 느슨하게 풀어 줄 때 정도를 지나치면 칠칠치 못하게 보일 수 있다는 점이다. 자다가 일어나서 나온 것 같은 부스스함이 아니라 아슬아슬할 정도까지만 풀어헤치는 계산된 노출 정도를 발견하자. 섹시한 매력은 거기에서 시작된다.

깃을 뒤로 당겨서 루즈하게
만들면 목이 가늘게 보인다.
카디건의 단추를
전부 채워서 입는 것은
마흔부터는 연출하면
안 된다.

가슴의 둥근 곡선이
아름답게 보이도록
단추를 푼다.

코트 깃을 머리까지
세워서
목의 길이를
강조한다.

트렌치코트는 벨트를
느슨하게 떨어뜨려서
입어야 멋스럽게
보인다. 뒤에서 벨트를
리본으로 묶고 다니는 것은
어딘가 촌스럽게 보인다.

옷에 입혀지지 말고
옷을 입어야 한다

자, 누구나 갖추고 있는 기본 아이템인 긴팔 이너웨어, 셔츠, 카디건, 팬츠, 펌프스를 꺼내서 우선 평소대로 입어 보자. 너무 심심하지 않은가? 섹시함은 평범함에 변화를 더했을 때 생겨나는 것이다. 셔츠의 깃, 단추, 소매, 카디건의 단추와 밑단, 세우거나 풀어헤치거나 걷어 올리거나 하는 등으로 변화를 줘서 입는다. 그렇게 하면 단 5개의 아이템인데 상상 이상의 스타일링이 나온다. 같은 옷으로 계속 스타일링을 하면 할수록 아이템의 원단, 가죽 등의 소재가 자신의 체형에 따라서 변형이 되어서 그 사람만의 곡선을 갖게 된다. 이렇게 생겨진 곡선이 몸과 옷을 하나로 만들면 입체감과 깊이가 나와서 섹시하게 보이는 것이다.

섹시함은 타고나는 것이 아니다. 거울을 보고 옷을 입은 느낌, 그리고 자기 자신이 어떻게 보이는가를 늘 체크하는 습관을 들이면 자연스럽게 센스는 향상된다. 그런 하루하루가 쌓이다 보면 옷에게 입혀졌다는 부자연스러움은 사라지고 옷을 입어 냈다는 당당함만 남는다. 몇 번이나 강조하지 않았던가? 섹시함의 원천은 당당함이라고.

스타일 업!
날씬하게 보이는
센스 향상으로

TPO에 맞춰서
변화시키는 유연성도
몸에 붙고, 자기 만족으로
연출하는 스타일
예방에도
도움이 된다.

점심 외출은 화려하진 않지만 초라해도 안 된다

점심 시간에 소문난 식당을 가보면 말 그대로 여자들의 천국이다. 친구들의 점심 모임이라든지, 학부모 모임, 비즈니스 런치 등 제각각의 이유로 모여 있는 모습이지만 아무래도 저녁 약속보다는 덜 부담스럽기 때문에 점심 약속을 선호하는 것 같다. 이런 때의 옷차림은 평상복은 아니지만 그렇다고 너무 멋부리지도 않은 듯한 스타일로 연출해야 어느 누구를 만나든 매력을 전달할 수 있다. 평상복과 외출복의 중간에 위치하는 낮 외출복도 TPO별 리스트에 넣어 두면 편리할 것이다.

멋쟁이 친구들과 오랜만의 약속이라고 신상 옷으로 치장할 것이 아니라 유행을 살짝만 담아서 세련된 분위기로 연출하는 것이 다른 손님들의 시선까지도 배려한 스타일이 될 것이다. 또 학부모 모임에서는 아이 엄마로서의 품격이 요구되는 자리이므로 진주 액세서리를 선택해서 우아한 스타일을 연출해 본다. 미팅 등 비즈니스 식사 자리라면 약간은 보수적인 차림으로 신뢰감을 높인다. 이처럼 화려하지는 않지만 초라해서도 안 되는 점심 외출복을 따로 준비해 두면 갑자기 잡히는 약속에도 스타일을 잃지 않는다.

앤틱 스타일의
원피스를 입을 때는
좁고 타이트한 부츠로
조여 준다.
럭셔리 헤어 밴드와
퍼를 살려서,
보타이를 한 번만
묶고 한쪽을 밖으로
내어 세련되게
늘어뜨리는 기술.
투명감이 있는 상질의
검정 타이츠,
단정해 보이는
핸드백 타입.

고급 레스토랑에 갈 때는
여성스러움을 먼저 입는다

말로만 듣던 고급 레스토랑에 초대를 받으면 왠지 부담스러워서 무엇을 입고 갈지 걱정부터 앞선다. 그래서 오히려 신경 쓴 옷차림이 때론 자리에 어울리지 않아 불편했던 경험도 있을 것이다. 생각해 보면 옷차림에 너무 신경을 쓰거나 격식 차릴 필요는 없다. 무엇보다 중요한 것은 식사 시간을 즐기는 일이니까. 따라서 옷차림보다 먼저 신경 써야 하는 것은 함께 식사하는 사람들에게 보내는 스마일과 매너인 것이다.

옷차림은 깔끔하고 세련되게, 약간은 차려 입은 듯한 느낌이 있는 심플한 스타일을 기본으로 하면 어느 장소에서든지 환영받을 수 있다. 앉아서 식사하기 때문에 특히 상반신에 시선이 모이므로 그곳에 포인트를 주면 스타일이 돋보인다. 예를 들면 부드럽고 광택이 있는 소재, 네크라인이 깔끔하거나 어두운 조명 아래에서도 예쁘게 보이는 화려한 블라우스나 움직일 때마다 흔들리는 빛으로 얼굴 주위를 화려하게 해주는 귀걸이를 선택하면 그 자리의 주인공이 될 것이다.

헤어를 느슨하게 업하고
큼지막한 귀걸이로
화려함을 더한다.

실내에서 두르는
스톨은 푹신하고
부드러운 캐시미어가
활용도가 높다.

액세서리는 싼 것이라도
잘 매치하면
그 가격 이상의
역할을 한다.

모던하고 스마트한
스타일링이 목표.
사이즈가 딱 맞으면
심플한 원피스가 충분히
잘 어울린다.

코트는 입구에서
맡기기 때문에
원피스와의 매치는
그다지 신경 쓰지
않아도 된다.

거의 앉아 있는 시간이
많기 때문에 높은 힐을
신어도 괜찮다.

날마다 입는 평상복으로
섹시함을 연마한다

마흔부터의 스타일은 결코 하루 아침에 만들어지지 않는다. 그러니까 1주일에 한 번, 1년에 한 번 만나는 그 사람을 위해 멋을 부리려고 한다면 스타일에 진부함이 묻어날 것이다. 따라서 날마다 얼굴을 보는 가족, 동료, 상사, 그리고 자신을 위해 스타일을 연출해 보자. 그렇게 하는 동안에 자신의 체형 특징을 알게 되고, 물건 선택의 포인트가 명확해지고, 스타일링의 규칙이 생겨난다. 이런 하루하루가 쌓여서 '자신만의 스타일'이 확립되어 간다.

그러니까 평상시 모습에서도 섹시함을 끌어내 보자. 집에 혼자 있을 때에도 무릎 나온 트레이닝복에 철 지난 티셔츠 차림으로 있을 나이는 이미 지났다. 아는 사람을 만날까 두려운 차림으로 편의점에 들르는 일은 이제 그만해도 된다. 결코 뒹굴거리다 나온 것처럼 보여서는 안 된다. 휴일에 근처 동네에 나갈 때, 슈퍼마켓에 들를 때, 산책을 할 때에도 스타일을 의식해 보자. 그렇게 하면 분명히 스타일이 진보해 나갈 것이다.

집에서 뒹굴거리다 나온걸로
보이지 않도록 헤어 클립으로
고정해서 외출한다.

집 안에서 입는 옷도
몸에 딱 맞으면
동네 근처에
입고 나갈 수 있다.

왕골가방도 옷도
캐주얼하게
마무리한다.

선글라스는
머리띠 대용으로도
사용할 수 있다.

비닐봉지는 빈티나게
보인다. 또 너무 얇아서
찢어지기 쉬우니까
바구니나 에코백을
들도록 하자.

동네 산책을 갈 때는
편안한 신발을 신고 나간다.
카페에도 가볍게
들어갈 수 있는 스타일이다.

전날 계획해 둔 섹시함만이 자신감을 가져다준다

기본이 되는 스타일을 미리 결정해 두면 날마다의 스타일에 자신감을 가질 수 있다. 특히 마흔의 아침은 누구라 할 것 없이 정말로 분주하기 때문에 전날 밤에 일기예보로 날씨와 기온을 체크해서 다음날 스타일을 결정하자.

하루 종일 비가 내리는 날에는 레인 부츠, 보슬비가 내린다고 할 때에는 비에 젖어도 상하지 않는 구두나 플랫 힐의 레인 슈즈 같은 신발을 먼저 선택하고, 옷자락이 젖어서 불쾌한 기분이 되지 않도록 크롭 팬츠나 롤 업한 청바지를 맞춘다. 거기에 어울리는 아우터나 코트를 결정하는 식으로 코디를 생각해 놓는다. 만약 날씨가 맑은 날인데 하루 종일 걸을 일이 많다면 플랫 슈즈나 웨지힐처럼 걷기 편한 신발을 우선으로 정해 놓고, 그다음 상의와 아우터 그리고 스카프, 벨트 순으로 고르고, 마지막으로 액세서리까지 맞춰 놓자. 이런 식으로 스타일을 전날 정해 두면 아침 시간을 절약할 수 있고, 어떤 상황에서도 스스로 자신감을 가질 수 있다. 섹시함은 충만된 자신감에서 나온다는 사실을 잊지 말자.

비 오는 날

하루 종일 비가 내려도 쾌적하게 지낼 수 있어야 한다. 더불어 핸드
백도 젖어도 괜찮은 소재를 선택한다.

rain boots
본격적으로 내리는 날은 우선은 레인 부츠를 기본으로
스타일링을 생각한다.

dark color pants
부츠 안에 넣는 것이 전제이므로 좁은 통,
색은 흙탕물이 튀어도 신경이 쓰이지 않는
다크 컬러가 베스트!

하루 종일 걷는 날

극장이나 미술관 관람 등으로 하루 종일 걷는 날도 많다. 캐주얼이라
도 여성스러움을 잊지 말도록 해야 한다.

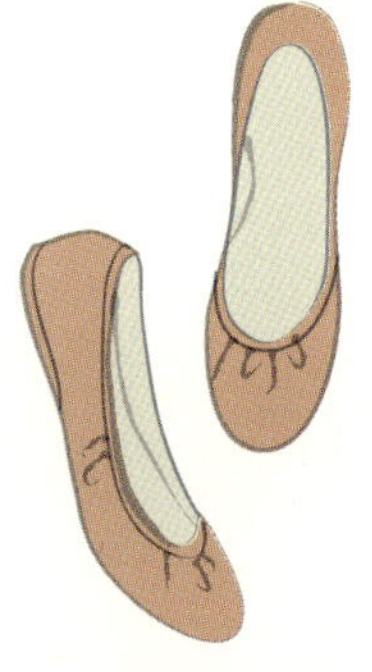

flat shoes

걷기 편한 게 우선이니 발은 절대적으로 낮은
굽, 고무 바닥의 플랫 슈즈는 아무리 걸어도 피곤
해 지지 않기 때문에 추천한다.

roll up cargo pants

플랫 슈즈와 궁합이 좋은 것은 카고 팬츠나 치노
팬츠. 반드시 롤 업해서 경쾌하고 여성스러운
밸런스로 마무리한다.

일교차가 심한 날

계절이 바뀌는 환절기나 실내와 실외의 온도 차이가 심한 날에는 이
렇게 스타일링한다.

leather jacket

천연 소재의 가죽은 9도 ~ 18도 정도의 일교차
라면 무리 없이 쾌적하게 입을 수 있다.

t-shirt

가죽의 이너에는 흡습성이 좋은 상질의 코튼 티셔
츠를 입는다. 한 장으로 입을 수 있는 적당한 콤
팩트 실루엣이라면 스타일리시하다.

잘 고른 속옷 하나
열 밍크 안 부럽다

섹시함의 근원은 자신감에서 나온다. 자신감의 토대는 속옷부터 시작된다. 속옷을 잘 갖춰 입는 것만으로도 360도 어느 각도에서나 자신감을 가질 수 있다. 옷을 입는 이상, 속옷은 셔츠랑 팬츠를 아름답게 보여 주기 위한 '보이지 않는' 패션 아이템이라고 생각해야 한다. 옷의 매력을 방해하지 않는 한 장을 찾아서, 색깔 별로 갖추는 것을 추천한다.

자신의 몸매를 돋보이게 하려면 속옷도 반드시 입어 보고 사야 한다. 잘 맞는 브래지어는 중앙선이 가슴의 골에 딱 맞고, 가슴의 중간 부분에서 유방을 전체적으로 감싸 주고 받쳐 주는 것이다. 브래지어의 어깨 끈이 당기거나 흘러내리면 잘 안 맞는 브래지어이다. 또 팬티는 엉덩이 위로 기어올라가지 않고 배나 허벅지 주위를 조이지 않아야 한다. 팬티 자국이 보이는 것은 여자로 보이길 포기했다고 생각해도 된다. 흰옷을 입을 때는 스킨 톤의 속옷을 입는 것이 흰옷에 대한 예의이다. 속옷은 어느 때건 간에 겉옷 아래로 비쳐 보여서는 안 된다는 점을 명심하자. 장담하건대 속옷에 약간의 시간과 돈을 쓴다면 섹시한 자신의 모습에 놀라게 될 것이다.

브래지어 컵 밑부분의
밴드 아래로 손가락 하나를
쉽게 밀어 넣을 수 있어야 한다.

가슴 전체가
브래지어 컵 안에 담아질 수
있어야 한다.

속옷은 겉옷보다
더욱 사이즈가 중요!
세세하게 체크를 한다.

가슴 조직의 형태를
잡아 주고, 위로 올려
주고, 담아 주고
받쳐 주어야 한다.

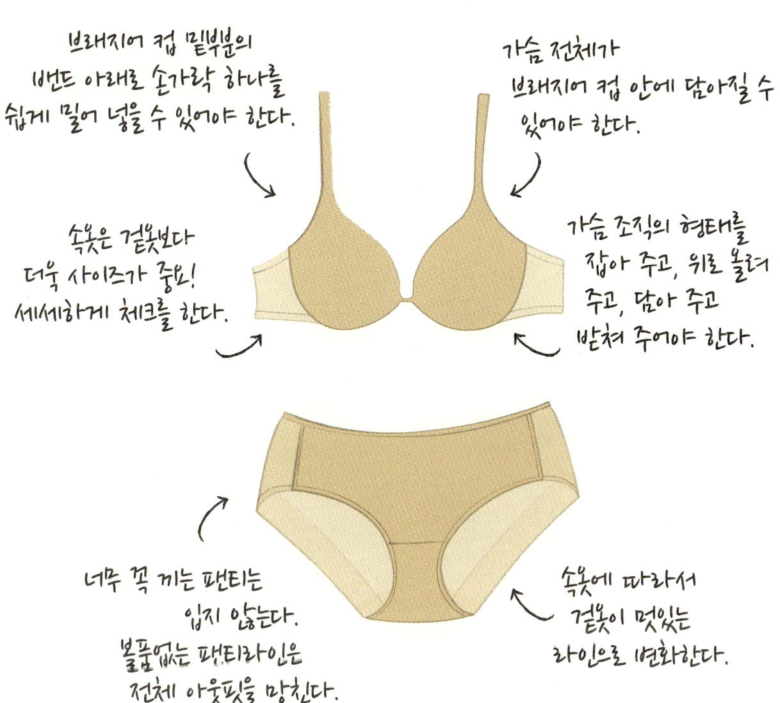

너무 꼭 끼는 팬티는
입지 않는다.
볼품없는 팬티라인은
전체 아웃핏을 망친다.

속옷에 따라서
겉옷이 멋있는
라인으로 변화한다.

바지를 많이 입는다면 비키니형 팬티보다는 브리프형을 입는다.
골반 바지를 입는다면 비키니형 팬티를 입는다.

티팬티(T-panties)

비키니형(bikinis)

브리프형(briefs)

Stylish Forty

기본 아이템만이
스타일을 지탱해 준다

스타일이 확실하게 전달되는 여성은 분명 미인은 아니더라도 매우 멋지다는 느낌과 안정감을 줘서 함께 있으면 마음이 편해진다. 타고 난 이미지와 연출하고 있는 패션이 혼연일체가 되어서 전체 밸런스가 안정되기 때문에 좋은 인상을 주는 것이다. 외적으로 뿜어져 나오는 안정적인 밸런스감은 내적으로도 균형 잡힌 사람일 것 같은 인상을 주기 때문에 더욱 매력적으로 보이게 한다. 매력적인 그녀들은 그동안 수많은 도전과 실패를 통해 자신에게 어울리는 것과 입어야 할 것이 매우 적지만 그 적은 아이템만으로도 멋쟁이가 될 수 있다는 것을 잘 알고 있는 사람들이다. 따라서 무엇보다 기본이라 불리는 아이템에 충실하다. 기본이라 불리는 아이템만이 자신의 스타일을 지탱해 준다는 사실을 알기 때문이다.

따라서 스타일 감각이 늘수록 옷장은 점점 더 작아지게 된다. 1주일에 2번 이상 입는 것은 정 가운데에 걸고, 오른쪽 끝에는 아우터나 블루종 등을, 그리고 가장 구석에는 한 달에 몇 번밖에 입지 않는 원피스 등을 수납할 수 있는 크기면 된다.

옷장 정 가운데 걸려 있어야 하는 자주 입는 아이템은 다름 아닌 흰 셔츠, 그레이 니트, 그레이 팬츠, 트렌치코트 등과 같은 기본 아이템이어야 한다. 이렇게 완성된 작은 옷장은 스타일링의 다양성과 자기만의 취향을 담아주기에 충분하다. 마흔부터는 기본을 늘려가야 스타일리시하게 된다. 나이와 함께 기본 아이템을 자기만의 방식으로 연출하게 되면 연륜이 묻어 나오게 되어서 젊을 때는 찾지 못했던 스타일이 나오는 것이다. 날마다 기본 아이템을 입는다는 일이 지루하게 느껴진다면 아직 스타일을 못 찾은 것이다. 기본만으로 날마다의 멋을 즐길 수 있을 때야말로 스스로도 자각하지 못했던, 누가 보더라도 안정된 스타일이 연출될 것이다.

드디어 화이트 셔츠를 멋스럽게 입을 나이가 되었다

흰 셔츠는 모든 여성에게 있어서 반드시 갖추어야 하는 필수 아이템이다. 작은 깃이 당당함을, 새하얀 소재가 신뢰감을, 그리고 자연스럽게 걷어 올린 소매가 청결한 섹시함을 가져다주기 때문이다. 그런데 이 흰 셔츠가 몸에 착 달라 붙는 듯하게 진짜로 어울리게 되는 것은 마흔 즈음부터이다. 마흔 즈음부터는 점점 가슴이 쳐져서 가슴의 위치가 내려가고, 어깨도 점점 안으로 말려서 둥글게 되고, 쇄골의 군살이 없어지게 되는데 이런 라인이 나오면 셔츠 한 장으로도 제대로 된 스타일이 나오기 때문이다. 20대 때와는 확실히 다른 보디라인에서 또 다른 섹시함이 나와서 나이 드는 즐거움도 알게 된다.

셔츠는 원래 남성의 아이템이다. 그러므로 단정하게 입을수록 멋있게 보인다. 영화 속에서 본 듯한 단추가 터질 듯 타이트한 흰 셔츠는 본드걸만 입는다고 생각하자. 마흔부터 입을 수 있는 흰 셔츠는 남성의 셔츠 모양을 그대로 본 뜬 한 벌이다. 적당한 여유가 있는 셔츠인 경우에만 일상의 동작을 방해하지 않아서 입는 것만으로 여성스러운 지성이 나오고, 청결한 섹시함도 가져다주는 것이다.

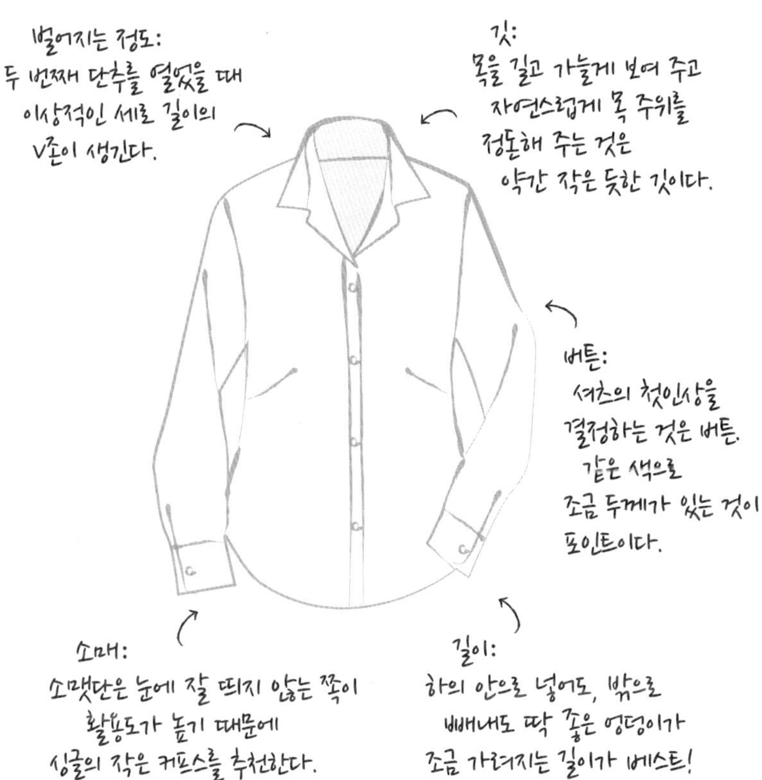

벌어지는 정도:
두 번째 단추를 열었을 때
이상적인 세로 길이의
V존이 생긴다.

깃:
목을 길고 가늘게 보여 주고
자연스럽게 목 주위를
정돈해 주는 것은
약간 작은 듯한 깃이다.

버튼:
셔츠의 첫인상을
결정하는 것은 버튼.
같은 색으로
조금 두께가 있는 것이
포인트이다.

소매:
소맷단은 눈에 잘 띄지 않는 쪽이
활용도가 높기 때문에
싱글의 작은 커프스를 추천한다.

길이:
하의 안으로 넣어도, 밖으로
빼내도 딱 좋은 엉덩이가
조금 가려지는 길이가 베스트!

셔츠는 단추를 몇 개까지 여는지로
스타일이 좌우된다. 셔츠에 따라서
두 번째나 세 번째 단추까지
풀어서 스타일을 점검한다.
탱크톱이 살짝 엿보이는
정도면 괜찮다.

깃을 끝까지 세워 버리면
약간 오래된 스타일로 보인다.
뒤쪽 깃만 세워서 앞쪽으로
자연스럽게 연 느낌으로
입으면 멋있다.

깃이 있는 셔츠를 입을 때는
얼굴 주위에 특별한 액세서리를
더하지 않는 것이 자연스럽다.
액세서리를 원한다면
선글라스를 더하는 것만으로
충분하다.

소매를 팔꿈치까지 걷어
올리면 액티브하게 보인다.
이때 팔꿈치 주위까지 올린 후
커프스 부분을 2, 3회 접으면
밸런스를 잡기 쉽다.
커프스의 각을
보이면 예쁜다.

구두로 밸런스를 결정한다.
가벼운 느낌의 화이트 셔츠에
무거운 듯한 구두로 볼륨을 준다.
이렇게 하면 전신의 밸런스가 안정된다.

셔츠 안에는 진주색 실크 캐미솔을

흰 셔츠를 입을 때 속옷이 비치는 것이 신경이 쓰여서 심플한 면 캐미솔을 받쳐 입는 여성이 많은데, 이것을 실크 소재로만 바꿔도 스타일이 남다르게 변신한다. 앞에서도 말했듯이 셔츠는 남성의 아이템이다. 따라서 어딘가에서 여성스러움을 느끼게 해주어야 스타일이 살아나는 것이다.

반드시 실크 캐미솔이어야 하는 이유는 피부에 직접 닿는 소재는 기분까지도 좌우하는데, 실크는 보들보들한 감촉으로 항상 여성이라는 것을 의식할 수 있게 해주고, 브래지어 자국두 자연스럽게 기려 주고, 셔츠의 주름조차도 매끄럽게 보여 주기 때문이다. 색은 오프 화이트를 추천한다. 이 색은 흰 셔츠 안에 너무 눈에 띄지 않고, 게다가 살짝 보였을 때에도 고상하게 보인다. 어깨끈은 얇고 레이스 등의 장식이 너무 요란하지 않는 것으로 해야 셔츠에 영향을 주지 않는다.

화이트 셔츠 한 장으로 연출하는 스타일링은 이렇게 보이지 않는 부분까지도 신경을 썼을 때만이 각별한 아우라를 가져다준다.

내 몸에 착 달라붙는 건
다름 아닌 니트이다

나이가 들면서 잃어지는 것만큼 얻어지는 게 분명히 있다. 그중 하나가 놀랄 정도로 니트가 잘 어울린다는 것이다. 매끄럽고 촉촉하고 부드러운 니트는 여성의 피부 촉감에 가깝다는 이유만으로도 여성스러움까지도 가져다주지만 잘못 입으면 약간 초라하고 칙칙하게 보일 수 있기 때문에 주의해야 한다. 그러기 위해서는 우선 네크라인이 넓고, 깊고, 둥글게 파여 있는 것으로 고른 다음, 자신의 몸에 딱 맞는 사이즈를 찾는 것이 중요하다. 특히 어깨가 맞지 않으면 할머니 니트로 보일 수 있으므로 주의한다.

1년 내내 입을 수 있는 한 장만 찾는다면 속살이 비칠 정도로 아주 얇은 니트를 추천하겠다. 니트 한 장만 입어도 되는 것은 물론, 재킷의 이너로, 또 티셔츠와 겹쳐서 입는 등 다양한 스타일링을 즐길 수 있다. 어떤 스타일링에도 잘 맞고 계절을 따지지 않는 색은 역시 그레이이다. 특히 피부색과 같은 베이지 색을 띤 회색이라면 입었을 때 피부색이 도드라지지 않기 때문에 더욱 예쁘게 잘 어울린다. 이 조건에 부합하는 니트를 찾는 것은 생각보다 어렵다. 하지만 발견될 때까지 포기하지 않고 끈기 있게 찾는 것이야말로 나이 든 여자가 보여줘야 할 근성이라 생각한다.

쇄골이 전부 보일 정도로
가로가 벌어지고,
가슴이 아슬아슬하게
보일 정도까지 많이 파인 것을
추천한다.

좁게 파인 V넥 니트는
쇄골의 열린 부분이 좁기 때문에
어깨 폭이 다부져 보여서
남자 옷처럼 보인다.

어깨는
딱 맞는 것을
고른다.

가장 먼저 갖출 색은
그레이. 소재는 면 100%나
모 100% 짜임이 촘촘한 것으로
선택한다.

만능 니트 5개 법칙
① 쇄골이 넓게 파인 것
② 천연 소재
③ 그레이, 검정 등 무채색
④ 무지
⑤ 바스트 위는 딱 붙는 것

얇은 소재의 니트는 속옷이 비치기 때문에 탱크톱이나 캐미솔을 받쳐 입는다. 탱크톱과 입으면 스포티하게, 캐미솔과 입으면 섹시하게 보인다.

그레이 니트에 진주 목걸이나 스카프만 더해도 멋진 외출복으로 완성된다. 인상이 부드럽게 보인다.

받쳐 입는 이너 웨어의 밑단을 니트단 밖으로 보이게 레이어드하면 보다 멋지다.

데님이나 치노 팬츠 등과 맞추기에는 길이가 짧은 듯하기 때문에 안에 탱크톱을 함께 입으면 보다 스타일리시하다.

벽돌색 스커트처럼 어떤 색과 맞춰야 할지 모르는 색도 밝은 그레이 니트 한 장이 있으면 안심이다. 어떤 색과 스타일링해도 잘 어울리는 마법의 컬러이다.

V넥 니트는 목걸이와 함께

V존이 열린 니트, 그것도 특히 봄의 스타일링이라면 목걸이는 필수이다. 큼지막한 목걸이는 쇄골을 드러낸 피부 질감이 오히려 사라져 버리기 때문에 가느다란 목걸이를 겹쳐서 착용하는 것이 스타일의 숨은 기술이다.

목걸이가 쇄골 아래 정도까지 내려 오는 베이직한 45cm 정도의 길이라면, 90cm 정도 길이의 목걸이와 함께 착용한다. 45cm 목걸이 하나로는 너무 짧아서 밸런스가 나쁘고, 반대로 90cm 목걸이 하나만으로는 너무 길다. 만약 하나만 심플하게 장식하고 싶디면 V에 벌어진 네크라인에 간당간당하게 오도록 60cm 정도의 목걸이가 잘 어울린다. 또 피부에 직접 닿는 길이라면 메달(펜던트)도 입체적인 볼륨감이 있는 모양이 아니라 평평한 것이 피부에 자연스럽게 어우러져서 아름답게 보인다.

바지의 실루엣은 엉덩이에서 좌우된다

평퍼짐한 엉덩이, 두께감을 자랑하는 허벅지, 빠질 생각을 안 하는 종아리 등 많은 여성들의 콤플렉스는 하반신에 집중해 있는 경우가 많다. 그렇다 보니 바지 선택도 매우 어렵다. 허리에 맞추면 엉덩이랑 허벅지는 꽉 끼고, 반대로 엉덩이에 맞추면 허리는 헐거운 경우가 많아서 바지 입기를 포기한 여성들도 많이 볼 수 있다. 자신 없는 곳을 커버해 주고 어떤 상의와도 잘 매치되는 제대로 된 바지 한 벌을 갖춰 두면 무엇보다 자신감이 생겨나서 다양한 스타일링을 즐길 수 있게 된다.

심플한 니트에 기본형 바지 한 장만으로 멋지게 보이는 여성은 옆에서 보거나 뒤에서 봐도 엉덩이의 여성스러운 둥근 곡선이 무너지지 않고 적당하게 피트해 있어서 실루엣이 살아 있다. 따라서 바지를 고를 때는 소재 선택이 매우 중요하다. 적당한 정도의 신축성 있는 소재라면 자연스럽게 둥근 곡선을 무너뜨리지 않고 예쁜 피트감을 가져다준다. 이렇게 해서 찾아진 깔끔한 엉덩이 실루엣은 상대적으로 허리도 가늘어 보이게 해준다.

바지는 엉덩이로 입는 것,
엉덩이의 둥그런 모습이 뭉개지지
않은 것이 적정한 사이즈이다.

허리에 손가락 2개 정도
들어갈 여유가 없이
너무 딱 맞는 사이즈면,
이너를 안으로 넣었을 때
작은 주름이 생겨서 역으로
뚱뚱해 보이므로 주의하자.

엉덩이 아래에
가로로 들어간 깊은 주름이
생기면 엉덩이에서
허벅지에 걸쳐서
그 바지가 너무 끼는 것이다.

허리에서 엉덩이,
엉덩이에서 허벅지까지
너무 꽉 끼면,
바지 주머니 입구가 부자연스럽게
벌어지게 된다. 입었을 때 주머니가
열리면 안 된다.

스타일링의 성패를
결정하는 것은 하의. 몸에 맞는
심플한 것으로 멋진 베이스를 만든다.
이번엔 트래디셔널한
체크 바지.

체크 바지의 인상을
강조하고 싶을 때는 역시
그레이 캐시미어 니트를 입는다.
네이비는 무겁고
흰색은 가벼워 보인다.

차분한 색으로
스타일링한 전신에
바로크 진주 목걸이를 착용해
화사함을 더해 준다.
이 존재감 있는 목걸이 하나면
다른 액세서리는
매트한 소재로도 괜찮다.

얼굴 주위에 목걸이로
광택을 더했으므로 손목 주위는
차분하게 마무리하는 쪽이
밸런스가 좋다. 색도 광택도
매트한 뱅글로 손목을
장식한다.

바지에 포함된 와인색을
어딘가에 반복하면
포인트 컬러로 완성된다.
하의에 가까운 구두에 반복하면
그 인상은 더욱 돋보인다.

발등은 반드시 보여 준다

바지는 원래 여성의 옷이 아니라 남성의 아이템이다. 따라서 주의를 기울이지 않고 그냥 입어 버리면 자칫 남성스럽게 보일 수도 있고, 또 어딘가 초라하게 보여서 칙칙한 인상을 남길 수도 있다. 물론 화려한 상의와 함께 입으면 그러한 인상을 막을 수 있겠지만 그보다 더욱 멋지게 보일 수 있는 스타일링 비법은 발등을 드러내는 것이다. 이 비법은 여성스러움을 훨씬 눈에 띄게 해주므로 스타일리시하게 된다.

신었을 때 발목의 근육이 긴장해서 섹시하게 보이는 하이힐과 스타일링하면 아무리 캐주얼한 니트이거나 몸에 딱 맞는 단정한 셔츠와 입어도 발 주위가 여성스럽기 때문에 전체적인 스타일이 날씬하고 섹시하게 마무리된다. 또 발등을 노출하면 발 주위가 가볍게 보여서 지나치게 멋부린 느낌을 주지 않기 때문에, 한겨울의 두꺼운 코트를 걸치더라도 경쾌하고 발랄한 이미지를 잃지 않을 수 있다.

데님의 유행은
얌전하게 그 흐름에 순응한다

남녀노소 누구를 막론하고 가장 흔하게 접할 수 있는 패션 아이템은 다름 아닌 데님이다. 생활필수품으로까지 여겨지는 데님은 날마다 진화를 거듭하는 가공 기술이나 디테일로 그 유행도 끊임없이 변한다. 매일 변화를 계속하고 있기 때문에 5년 전의 데님을 꺼내 입으면 5년 전에 머물러 있는 사람으로 보일 수 있다. 작년에 수십만 원 주고 산 프리미엄 진을 올해는 입을 수 없을 만큼 데님의 평균수명이 짧다는 것을 감안하면 데님만큼은 비싼 것을 사지 않길 바란다. 다른 아이템도 그렇지만 특히 데님은 브랜드가 아닌 내 체형에 잘 어울리는 것을 고르는 것이 가장 중요하다.

힙이 빈약하고 다리도 가는 마른 여성이라면 스판기가 들어 있지 않은 데님을 입으면 하반신에 볼륨이 더해지기 때문에 체형도 커버된다. 이때 상의는 타이트한 것을 입으면 밸런스 좋게 입어낼 수 있다. 반대로 힙이 크고 둥글고, 허벅지에도 볼륨이 있는 통통한 여성은 스판기가 들어 있는 데님을 입어서 신체의 굴곡을 매력적으로 보이도록 한다. 스트레이트한 남성적인 실루엣의 데님은 여성스러운 체형이 오히려 뚱뚱하게 보이므로 주의하자.

허리는 약간 여유 있는 정도가
예쁘다. 꽉 끼는 사이즈를 입으면
허리 군살이 삐져 나온다. 손바닥이
들어갈 정도의 여유가 있는 것이
맞는 사이즈다.

여성의 데님에 뒷주머니는
반드시 달려 있어야 한다.
이 뒷주머니와 V자의 요크(데님
뒷부분에 두 원단을 가로로 이어
붙인 선)가 힙 업 효과를 가져다준다.
이 2개가 보이면
뒷모습이 깔끔하다.

기본적으로 워싱이 안 된 데님이
가장 날씬해 보인다.
다리가 짧거나 허벅지가 두꺼운
체형이라면 워싱이 세로로 길게 들어가
있거나 어두운 컬러로 워싱한 데님을
선택해야 날씬하고 길어 보이는
효과를 볼 수 있다.

청바지 스타일링의 기본은
청바지 톤에 맞는 상의를 입는 것이다.
청바지가 진하고 맑은 파랑이면
상의도 맑은 색을,
청바지가 탁한 색이면
상의도 그런 톤으로
맞춰 입는다.
물이 빠지지 않은
생지는 흰색과
가장 잘 어울린다.

스트레이트에는 하이힐과
플랫 슈즈가 잘 어울리고,
부츠컷에는 앵클부츠와
부티가, 스키니에는 하이힐과
플랫 슈즈가 기본적으로
잘 어울린다.

데님의 밑단을 작게
3번 돌돌 말아 올려서
폭 2cm 정도 접혀 올라갈 수 있는
길이로 수선한다.
발목이 드러나서 여성스럽고
날씬하게 연출할 수 있다.

청바지는 허벅지로 입는다

인디고 블루, 네이비에 가까운 생지라 불리는 데님은 워싱 가공이 되지 않은 진한 청바지를 말한다. 하지만 이 생지 데님을 트위드의 노 칼라 재킷과 매치해 약간 캐주얼하게 입거나, 화려한 프린트 무늬나 로고가 들어간 티셔츠에 맞추려면 너무 모범생처럼 보여서 잘 어울리지 않는다.

따라서 어떤 스타일링에도 멋지게 어울리는 것은 몇 년은 입은 듯이 몸에 착 감기는 워싱 처리된 데님이다. 워싱 가공된 데님이라고 해도 색이 빠진 정도는 천차만별이다. 이때 반드시 체크해야 할 것은 허벅지 부분의 색이 빠진 정도이다. 양옆으로 갈수록 진한 색, 허벅지 중앙으로 올수록 색이 약간 흐려지는 것을 추천한다. 이 농담은 놀랄 정도로 허벅지를 가늘고 날씬하게 보여 준다. 그리고 허벅지의 위치가 높게 보이기 때문에 다리가 길어 보이는 효과도 있다. 데님은 입고 빨면 늘어나기 때문에 처음에는 약간 끼는듯한 사이즈를 선택하는 것이 좋다. 계속 입더라도 허벅지 부분이 딱 맞기 때문에 시간이 지나도 날씬하게 보인다.

스커트는 무릎을 내놓을지 말지로 이미지가 결정된다

스커트는 여성의 아름다움을 가장 잘 표현할 수 있는 옷임이 분명하다. 어떤 모양인가에 따라 청순하게도 섹시하게도 보일 수 있다. 스커트 길이가 짧다고 해서 더 섹시하게 보이는 것도 아니고, 길다고 해서 더 청순하게 보이는 것도 아니다. 자신의 다리를 스커트가 어떻게 감싸며 모양을 만드는지 살피는 것이 관건이다. 아울러 무릎의 인상이 스커트의 스타일링에 중요한 변수가 되므로 디자인이나 색을 운운하는 것보다 우선은 스커트를 입기 전에 무릎 문제를 해결해야 한다.

동양 여성들은 서양 여성들보다 무릎이 예쁘지 않은 편이다. 서양 여성들처럼 무릎의 뼈가 드러나면 내놓는 것이 경쾌하게 보이고, 무릎이 살로 덮여 있으면 완전하게 가리는 쪽이 훨씬 세련되게 보인다. 이처럼 무릎이 예쁘지 않은 사람들은 되도록 무릎 길이의 스커트를 피하는 것이 좋다. 무릎에 자신이 없다면 아예 짧은 미니스커트를 입어 무릎 위까지 훤히 보이게 하거나 롱스커트를 입어 무릎을 감추는 것이 낫다.

스커트를 입었을 때
팬티 라인이 확실히 드러나면
엉덩이, 혹은 허벅지 부분도
너무 타이트할
가능성이 있다.

스커트 길이의 길고 짧음도 있지만,
타이트한 실루엣이라면
앉았을 때 밑단이 너무 올라가서
허벅지가 드러나 버릴 수도
있으므로 주의한다.

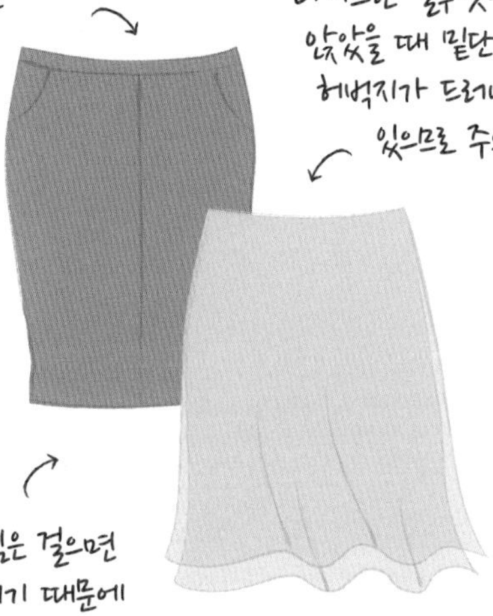

스커트의 트임은 걸으면
의외로 크게 열리기 때문에
살 때 반드시 넓은 보폭으로
걸어 보면서 옆에서 뒤에서 트임이
깊지 않은지를 체크해야 한다.

전체적으로 차분하고
단정한 실루엣을
만들어 주는 타이트 스커트는
상의가 아무리 화려하고
복잡해도 깔끔하게
정리해 준다.

아래로 살짝 퍼지는
A라인 스커트는
활동하기 편하고
단정하면서도 여성스럽다.
몸에 꼭 달라붙는 상의와
입으면 섹시한 X라인을
만들 수 있다.

입고 다니기는 불편하지만
스커트 아랫부분이 좁고
엉덩이 부분이 넓은 스커트를 입으면
허리가 가늘고, 다리가 길게
쏙 빠져 보여서 여성스러움과
섹시함이 돋보인다.

스커트 아래가 길어야 다리가 길어 보인다

스커트가 무릎 위에서 끝나면 섹시하고 슬림하게 보인다. 반면 무릎 아래에서 끝나면 단정하고 정숙하게 보인다. 무릎의 위치는 이처럼 스커트의 인상을 좌우할 뿐 아니라 다리 길이가 더 길어 보이는지, 원래보다 짧아 보이는지 판가름해 주는 기준이 되기도 한다.

스커트를 입으면 머리 ~ 허리, 허리 ~ 무릎, 무릎 ~ 발끝 이렇게 세 부분으로 나누어지는데 이때 하체의 비율을 결정짓는 것은 치마 길이이다. 몸 전체가 1:1:1로 나누어지지 않고 치마 아래의 길이가 조금이라도 길게 나누어지면 다리 길이는 훨씬 길게 보인디. 무릎의 위치가 중요한 것이 바로 이 때문이다. 만일 몸 전체가 1:1:1로 나누어진다면 스커트, 스타킹, 구두의 색을 통일시키면 된다. 그러면 몸 전체가 2등분으로 보이기 때문에 다리가 훨씬 길어 보인다.

또 스커트 길이가 종아리 근육의 가장 튀어나온 부분을 가로지르면 다리는 가장 두꺼워 보이므로 피해야 한다. 치맛단은 종아리 근육 위에 오든지, 아래에 오게 해서 가능한 다리를 가늘어 보이도록 해야 한다.

재킷은 몸매를 따르는 것이 아니라 몸매를 결정한다

전화를 걸거나, 문자 메시지를 보내거나, 카드를 내밀거나, 영수증을 받을 때 등 손끝의 인상은 여성의 첫인상을 크게 좌우한다. 이런 상황에서 자신감을 가질 수 있는가에 따라서 몸동작은 크게 바뀐다. 그래서 여성들은 중요한 날 신경을 써서 네일 케어도 하고, 반지도 찾아 끼는 것이다. 그때 놓치기 쉬운 것이 다름 아닌 재킷의 소매 길이이다. 너무 길면 칠칠맞지 않은 인상을 주게 되고, 너무 짧으면 없어 보이기 때문에 반드시 신경을 써야 하는 곳이다.

가장 좋은 인상을 줄 수 있는 길이는 자연스럽게 손을 내렸을 때 엄지손가락의 첫 번째 관절에 닿을 듯한 길이이다. 이너 웨어로 입은 셔츠나 블라우스의 소매를 살짝 보이게 할 수 있는 절묘한 길이이고, 게다가 팔꿈치를 굽혔을 때도 소매가 부자연스럽게 당겨져서 너무 올라가지 않아 안심할 수 있다. 물론 개인적인 취향은 있지만 세세한 디테일까지 신경을 써 입었다고 보이는 부분이 바로 이 소매 길이이다.

어깨가 맞지 않거나,
몸통이 너무 꽉 끼면,
등에 치켜 올라간 듯한
주름이 생긴다.

어깨 산이 자신의 어깨보다
약간 안쪽으로 들어와 있으면
피트감이 살아서
스타일리시하게 보인다.

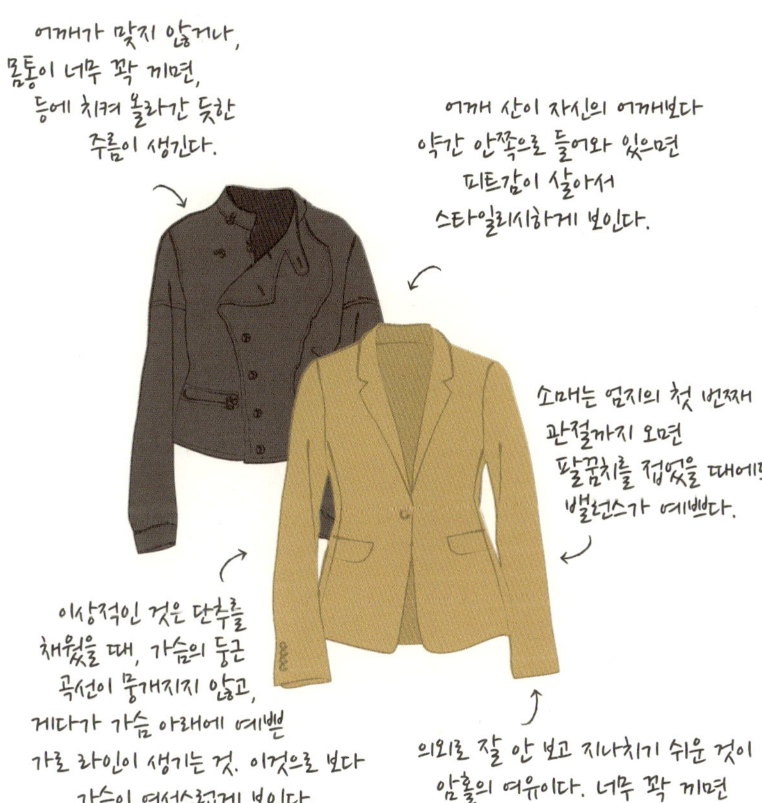

소매는 엄지의 첫 번째
관절까지 오면
팔꿈치를 접었을 때에도
밸런스가 예쁘다.

이상적인 것은 단추를
채웠을 때, 가슴의 둥근
곡선이 뭉개지지 않고,
게다가 가슴 아래에 예쁜
가로 라인이 생기는 것. 이것으로 보다
가슴이 여성스럽게 보인다.

의외로 잘 안 보고 지나치기 쉬운 것이
암홀의 여유이다. 너무 꽉 끼면
팔을 올리거나 내릴 수 없다.

어떤 옷과도 잘 어울리는
라이더 재킷은 특히 사이즈가 중요하다.
아예 크게 입을 것이 아니면
몸에 꼭 붙는 사이즈를 입어야 한다.
어정쩡한 사이즈는
스타일이 안 나온다.
주얼리는 최소한으로
줄이는 것이 좋다.

인조가죽 & 실크.
화려한 색이나 개성적인
디자인으로 스타일을 연출하는
것보다 소재를 맞춰서
강약을 주는 것이 좋다.

하드하고 와일드한 소재의
가죽 재킷 안에
프린트 원피스나
펜슬 스커트처럼 여성미를
풍기는 아이템을 매치하면
더욱 스타일리시하다.

10년 이상 입을 수 있는 가죽 재킷은 봄에 구입한다

계절에 구애되지 않고 세련된 스타일링이 가능한 만능 아이템은 다름 아닌 가죽 재킷이다. 그중에서도 마흔부터의 스타일 업을 생각한다면 스웨이드 재킷을 눈여겨보자. 매끄러우면서 부드러운 소재, 콤팩트한 실루엣의 집 업 스타일, 허리보다도 조금 긴 길이라면 틀림없다. 이런 한 벌을 갖추면 한 여름 이외의 3계절 모두 입을 수 있다. 그럼 왜 꼭 봄에 구입해야 할까? 우선 스웨이드는 봄에 선호되는 소재라서 블랙이랑 브라운 등의 베이직 컬러는 물론 캐멀이나 그레이 등 고를 수 있는 색의 종류가 다른 계절보다 훨씬 다양하다. 게다가 겨울에 판매되는 가죽 재킷보다 두껍지 않아서 스타일링하기도 훨씬 쉽기 때문이다.

가죽의 내면을 샌드페이퍼로 보드랍게 보풀린 스웨이드는 표정이 풍부해서 울, 캐시미어, 퍼, 코튼, 리넨 등 어떤 소재와도 잘 어울린다는 장점이 있다. 또 바람을 통과시키지 않는 소재인데다 집 업이라면 지퍼를 열고 닫는 것으로 '체감 온도'를 조절할 수 있기 때문에 간절기 스타일링에도 최적의 아이템이다.

품위를 지켜 주는 트렌치코트는 품격까지 올려 준다

많은 멋쟁이들에게 '만약 1벌의 코트만 살 수 있다면?'이라는 질문을 하면 트렌치코트를 선택하는 사람들이 대다수이다. 왜냐하면 캐주얼부터 정장까지 어떤 상황에서든 스타일을 지탱해 준다는 것을 잘 알기 때문이다. 다만 이렇게 모든 상황에서 입을 수 있는 범용성이 넓은 트렌치코트는 유행감이 배제된 철저하게 기본에 충실한 것이어야 한다. 베이직에 충실한 트렌치코트는 입는 사람에 따라서 분위기가 달라지기 때문에 자신에게 어울리는 한 벌을 찾아야 하는 것이 무엇보다 중요하다고 할 수 있다.

정작 자신에게 어울리는 트렌치코트를 찾기 시작해 보면, 미묘하게 각 부위의 사이즈가 다르거나, 소재에 따라서 인상이 달라지거나, 패턴이 키에 맞지 않는 등, 평소에는 그냥 보고 지나쳤을 것 같은 세세한 부분들이 눈에 띄게 된다. 여러 벌 입어 보면서 신중하게 체크해 보자. 만일 입었을 때 내 몸의 일부같이 느껴지면 딱 맞게 피트되었다는 증거이다. 이런 트렌치코트야말로 날씬하게 보일 뿐 아니라 언제, 어디서, 누구를 만나든지 당당함까지도 가져다줄 것이다.

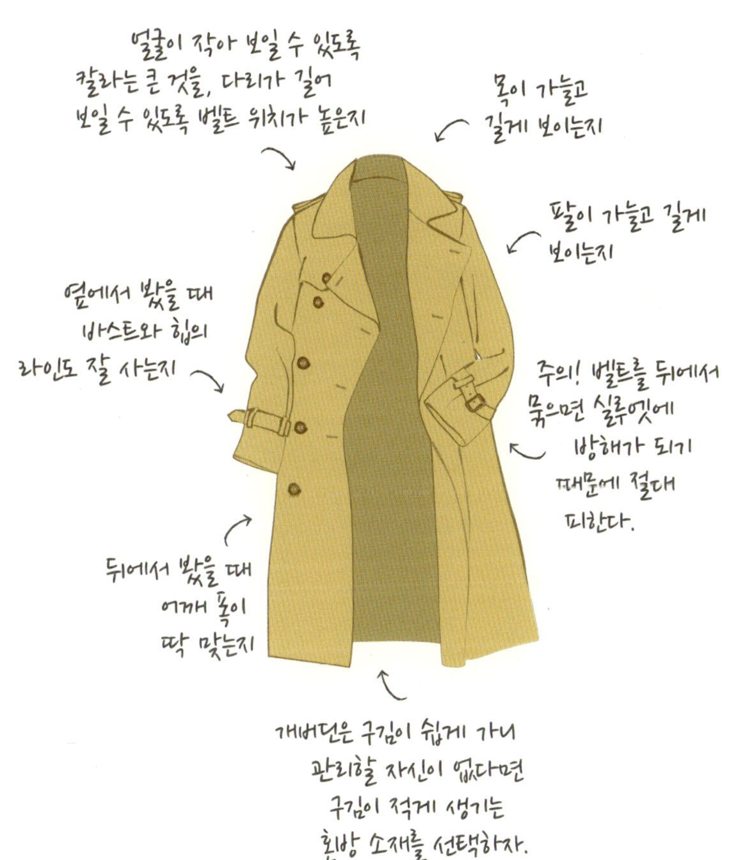

얼굴이 작아 보일 수 있도록 칼라는 큰 것을, 다리가 길어 보일 수 있도록 벨트 위치가 높은지
목이 가늘고 길게 보이는지
팔이 가늘고 길게 보이는지
옆에서 봤을 때 바스트와 힙의 라인도 잘 사는지
주의! 벨트를 뒤에서 묶으면 실루엣에 방해가 되기 때문에 절대 피한다.
뒤에서 봤을 때 어깨 폭이 딱 맞는지
개버딘은 구김이 쉽게 가니 관리할 자신이 없다면 구김이 적게 생기는 혼방 소재를 선택하자.

트렌치 스타일링의
핵심은 벨트이다. 벨트를 허리
뒤에서 그것도 리본 모양으로 묶고
다니는 것은 마흔부터의 여성이라면
절대로 해서는
안 되는 일이다.

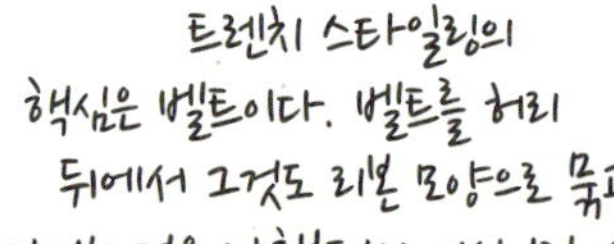

기본 트렌치에 견장,
플랩, 소매단
스트랩 등이 달리면 옷에
각이 잡혀 강인하고
격식 있어 보이고,
어깨에 각을 주지 않고
굴리거나 부드러운 소재를
사용하면 성숙하고
우아한 이미지를
연출한다.

살짝 폭이 넓은 H라인
스타일에 허리 벨트로 묶는
타입은 중성적인 매력을 주는
시크한 이미지를, 허리 벨트
아래부터 살짝 퍼지는 A라인
트렌치는 단정하면서도
여성스러운 이미지를
연출한다.

트렌치코트는 겨울에 구입한다

기본에 충실한 그리고 계절을 가리지 않고 입을 수 있는 트렌치코트 한 벌을 찾는다면 겨울에 사야 한다. 봄에 등장하는 트렌치코트는 흐린 그레이나 베이지 등 가볍고 밝은 색상이 많고 소재도 훨씬 얇으며 여성스러운 디자인이 많다. 또 길이도 비교적 짧아 맞추는 하의에 제한이 생기기 때문에 결국 봄에만 어울려 경제적이지 않다. 가을에 선보이는 트렌치코트는 심플한 카키나 베이지 등 컬러는 괜찮지만 라이닝(안감)이 없는 것이 많다. 라이닝이란 코트 안의 탈부착이 가능한 안감을 말하는데 기본에 충실하면서 멋스럽게 3계절 입을 수 있는 드렌치코트를 찾는나면 이 안감이 달려 있는 것으로 선택한다.

그러니까 트렌치코트는 다름 아닌 겨울 초에 슬슬 '올해 코트는 뭘 입을까?'라는 생각이 들기 시작했을 때 장만하도록 하자. 카키 베이지의 두껍고 견고한 소재, 기본 디테일에 충실한 디자인, 탈부착이 가능한 라이닝이 붙어 있는 것! 이런 한 벌이 결국은 오래 사용할 수 있다.

적나라한 원피스는
지능적으로 입어야 한다

원피스는 늦잠을 자 버린 아침이나, 급하게 잡힌 약속에도 당황하지 않고 옷장에서 바로 꺼내서 입고 나갈 수 있는 유일한 아이템이다. 상하를 어떻게 맞추어 입을지 고민하지 않아도 되기 때문에 스타일링 시간을 줄이면서도 완성도 높은 스타일을 연출할 수 있기 때문이다. 하지만 입은 사람의 몸과 모양이 거의 일치되기 때문에 잘못 입으면 신체의 단점이 적나라하게 노출되니 평소에 특히 실루엣에 신경을 써 두어야 한다.

어깨가 벌어지면서 잘록한 허리를 강조하는 X라인 실루엣 원피스는 통통한 하체도 가려 주면서 우아하고 섹시한 여성미를 가져다준다. 하지만 허리에 굴곡이 없는 체형이라면 H라인 실루엣 원피스가 잘 어울린다. 특히 허리선이 밑으로 내려간 것이라면 중성적인 이미지를 연출해 준다. 위는 좁고 아래로 내려갈수록 넓어지는 A라인 실루엣 원피스는 다리가 가늘고 길게 보일 뿐 아니라 젊고 우아한 이미지를 표현해 준다. 꽃무늬나 기하학 패턴이 들어간 화려한 원피스라면 실루엣은 단순한 것을 고르는 편이 세련되어 보인다는 점을 기억하자.

원피스는 어깨 폭, 가슴,
허리 라인은 몇 mm만 차이가 나도
실루엣이 상당히 달라 보인다.
따라서 입었을 때 핏이 살아 있는
한 벌을 찾을 때까지
여러 번 입어 보고
체크해 본다.

몸에 꼭 끼거나 너무
번쩍거리는 소재는 피한다.
좋은 원단이면 장식이
없어도 충분히
화려하게 보인다.

키에 따라서 적당
한 길이가 다르다.
거울로 길이가 긴지
짧은지를 비교해 보면
자신에게 딱 맞는
최적의 길이를
찾을 수 있다.

허리는 깔끔하게
곡선이 나오고 꽉 조이지
않는 미묘한 커팅이
날씬하게 보인다.

심플한 블랙 원피스는 어떤
컬러의 소품과도 잘 어울리는데
특히 진주 목걸이는 블랙의
강한 이미지를 우아하게
만들어 준다.

편안하고
베이직한 내추럴
원피스는 골드 컬러
아이템을 포인트로
매치하면
세련되게 보인다.

프린트 무늬나
컬러풀한 원피스는
여성스럽고
강한 이미지를
주기 때문에
격식을 갖추어야 하는 자리에는
재킷과 함께 입어 주면
스타일리시하다.

튜닉 원피스에 레깅스는 이제 그만

원피스가 아무리 편하다고는 해도 여유 있는 실루엣의 튜닉 원피스를 입을 때만큼은 평상복처럼 보이지 않도록 주의해야 한다. 특히 몇 년째 계속되는 튜닉 원피스에 레깅스를 입고 플랫 슈즈를 신은 모습은 젊고 예쁜 여성이라도 아줌마 패션으로 전락하기 쉽기 때문에 세세한 부분까지 신경을 써서 입어야 한다.

이 통짜 튜닉 원피스를 스타일리시하게 입고 싶다면 레깅스가 아니라 맨 다리나 타이츠와 함께 입고 플랫 슈즈가 아니라 굽이 있는 구두를 신는다. 또 정바지 등에 맞춰서 약간 긴 듯한 오버 블라우스를 입고, 보이지 않더라도 벨트로 허리 라인을 잡아 준다. 긴 목걸이로 세로 라인을 강조해서 날씬하게 보이게 하거나, 귀 주위에 인상적인 귀걸이를 하거나 코르사주나 브로치를 다는 등 시선을 위로 올려 줘도 스타일리시하다. 가을이나 겨울이라면 레이어드 스타일에 필요한 '긴 이너'로서 활용해도 좋다. 짧은 길이의 카디건이나 재킷을 걸치고 얇은 바지나, 타이츠를 받쳐 입으면 집에서 뒹굴거리다가 나온 옷차림으로는 보이지 않는다.

스카프와 머플러는 자신의 일부가 되어야 한다

멋쟁이들의 스타일을 잘 살펴보면 스카프나 머플러 등 '두르는 것'이 빠지지 않는 경우가 많다. 무심하게 두른 듯한 한 장이 그다지 돋보이지 않던 상의도 멋지게 눈에 들어오게 해주고, 스타일에 색을 더해 주거나 따뜻함을 더해 주는 등 스타일링에 깊이를 가져다준다는 것을 너무도 잘 알기 때문이다. 이처럼 손쉽게 스타일에 변화를 주고 생기를 불어넣는 쓰임새가 많은 액세서리이다 보니 멋쟁이들의 필수 아이템인 것이다.

위와 같은 이유가 아니더라도 스카프나 머플러 등을 두르면 얼굴 주위가 밝고, 부드럽고, 상냥하게 보이기 때문에 마흔부터의 스타일에 반드시 도입하면 좋겠다. 그리고 얼굴 가장 가까이에 닿는 아이템이므로 특히 소재에 신경을 써서 고르도록 하자. 품위 있는 광택이 느껴지고, 보들보들하고, 가볍고, 따뜻한 소재의 느낌이 있는 것이라면 더욱 쓸모 있고 다양한 용도로 사용할 수 있을 것이다.

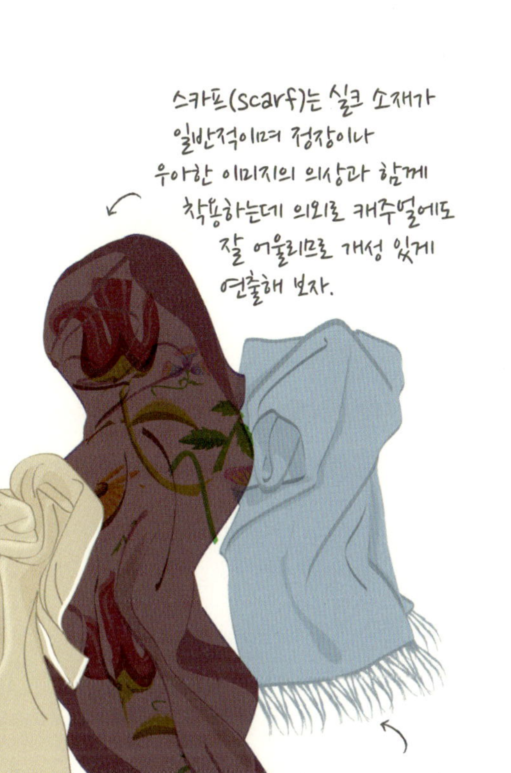

스카프(scarf)는 실크 소재가
일반적이며 정장이나
우아한 이미지의 의상과 함께
착용하는데 의외로 캐주얼에도
잘 어울리므로 개성 있게
연출해 보자.

옷의 프린트나 질감에서
보이는 색을 하나 선택해서
같은 컬러로 머플러를 하면
멋스럽다. 의상이 전체적으로
모노 톤이라면 화려한 프린트가
있거나 옷과 전혀 다른 컬러를
매치해도 세련되게 보인다.

머플러(muffler)는
사계절 언제나
스타일에 멋을 더해 주는
아이템이다. 컬러는 자신의
얼굴색과 어울리는 것으로 골라 옷과
매치하는 것이 좋다.

구두는 공격수가 아니라 수비수이다

구두의 중요한 역할은 옷을 돋보이게 하고 전체적으로는 옷을 입은 사람의 이미지를 구축하는 것이다. 또한 그 사람의 취향을 보여 주는 지표가 되기 때문에 유행감이 강하거나, 너무 눈에 띄는 것은 오히려 스타일의 방해 요인이 될 수도 있다. 구두는 분명히 실용적이고 편안해야 하지만, 옷차림과 자연스럽게 연결되는 것이 무엇보다 중요하다. 따라서 마흔부터의 스타일에서는 전체적인 옷차림에 맞춰 옷과 구두가 하나로 연결된 듯이 조화를 이루어야 하는데 그러려면 구두는 어디까지나 조연이어야 한다.

조연급 구두를 고를 때 가장 염두에 두어야 할 점은 사이즈와 신었을 때의 편안함이다. 아침에는 잘 맞아서 괜찮다고 신고 나온 구두가 오후가 되면 부은 발을 지탱하지 못해서 통증을 가져다준 경험이 있을 것이다. 따라서 자신의 발에 딱 맞는 한 켤레의 구두를 찾으려면 반드시 저녁에 사도록 하자. 오후가 지나면서 발은 붓게 되는데 이 부은 발이 들어가는 구두를 사야 하루 중 언제라도 자세나 걸음걸이가 틀어지지 않을 수 있다. 구두는 신기만 하면 되는 것이 아니라 신고 예쁘게 걸을 수 있어야 하는 소품이라는 것을 잊어서는 안 된다.

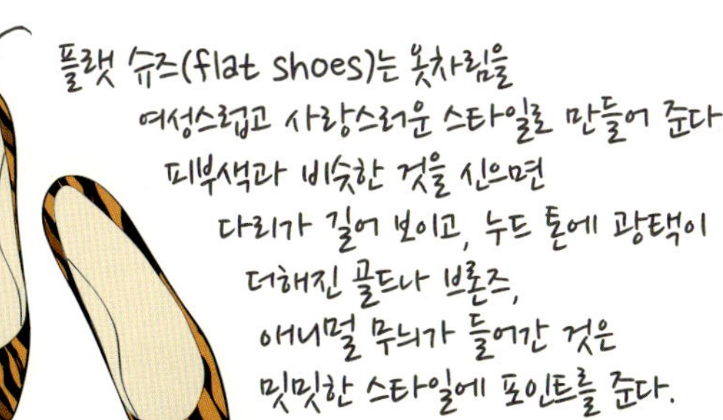

플랫 슈즈(flat shoes)는 옷차림을
여성스럽고 사랑스러운 스타일로 만들어 준다.
피부색과 비슷한 것을 신으면
다리가 길어 보이고, 누드 톤에 광택이
더해진 골드나 브론즈,
애니멀 무늬가 들어간 것은
밋밋한 스타일에 포인트를 준다.

정장을 입거나
캐주얼한 청바지를 입고서
세련되고 우아한 분위기를
주고 싶을 때는 언제나
7cm 펌프스(pumps)를
신으면 멋스럽다.

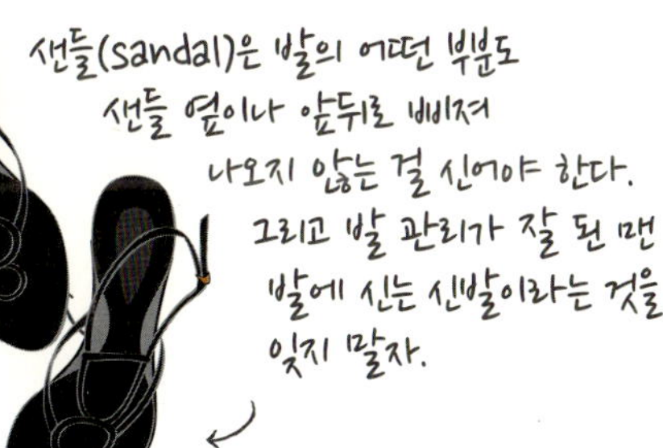

샌들(sandal)은 발의 어떤 부분도
샌들 옆이나 앞뒤로 삐져
나오지 않는 걸 신어야 한다.
그리고 발 관리가 잘 된 맨
발에 신는 신발이라는 것을
잊지 말자.

명품백이라도 어울리지 않으면 짝퉁으로 전락한다

스타일링의 완성이라고 하면 역시 핸드백이다. 그래서 어울리지 않는 핸드백은 전체 스타일을 망치는 주범이 된다. 아무리 옷차림이 멋있더라도 핸드백 하나로 실루엣이 바뀌어 버리기 때문이다. 따라서 그동안 핸드백의 기능과 디자인만으로 선택했다면 이제부터는 옷차림에 어울리는지 아닌지를 우선으로 체크해야 한다. 그리고 핸드백을 들고 다니는 것이 아니라 핸드백에 질질 끌려다니는 것처럼 보이지 않도록 옷차림에 어울리게 드는 방법도 신경을 써야 한다. 핸드백도 몸과 피트되었을 때만이 스타일에 도움이 된다.

명품백이라는 이유로 모든 옷차림에 매치하는 여성도 있는데 옷차림과 어울리지 않은 뚱딴지 같은 핸드백은 아무리 명품이라고 해도 비싸고 멋지게 보이기는커녕 싼티나고 촌스럽게 보일 수 있다. 이에 반해 명품은 아니지만 전체 옷차림과 잘 어울리고 상황에 맞게 매치한 핸드백은 스타일에 액센트를 주기 때문에 명품보다 훨씬 스타일리시하고 세련된 스타일을 연출할 수 있다.

옷차림만큼 핸드백도 TPO에 맞게
착용해야 한다. 의상 스타일에 따라,
상황에 따라 핸드백을 바꿔 든다.
핸드백 하나만 바꿔 들어도
스타일은 확 달라진다.

핸드백은 어울리는 옷이 있는지
먼저 생각하고 구입해야 한다.
디자인과 컬러가 예쁘다고
무조건 샀다가는 핸드백 보다
옷값이 더 들어갈 수도 있다.

커다란 가방에 별로 담은 것도
없이 다니면 핸드백의
맵시도 나지 않고 소지품 찾기만
힘들다. 반대로 많은 소지품을
작은 핸드백에 가지고 다니면
형태가 망가질 뿐 아니라
전체적인 스타일까지 망치게 된다.

주얼리는 보석이 아니라 체형을 가려 주는 아이템이다

특정한 신체 부위로 시선을 끌어모으거나, 옷차림을 더욱 돋보이게 해주는 액세서리는 주얼리만한 게 없다. 그만큼 주얼리는 다른 어떤 액세서리보다 그 사람의 개성과 취향을 잘 표현해 준다. 그뿐만이 아니라 체형의 결점을 감추는 데에도 탁월한 효과를 발휘하므로 마흔의 스타일에서는 빼놓을 수 없는 액세서리이다.

주얼리를 단지 몸에 걸치는 것만으로는 결코 스타일리시해지지 않는다. 오히려 안 하느니만 못한 경우도 많이 있다. 귀, 가슴 주위, 팔, 손가락 등 어딘가 비어 있는 공간이 있으면 뭔가를 메달고 싶어 안달한 듯이 연출한 여성도 있는데 정말 꾹 참아야 한다. 주얼리를 사용해서 스타일리시하게 보이려면 너무 많이 달지 않는 것이 가장 중요하다. 비어 있는 공간이 어디에도 없으면 시각적으로 깔끔하고 차분해질 수 있는 장소가 없기 때문에 어딘가 촌스럽게 느껴지기 쉽다. 주얼리는 화려하게 보이기 위한 도구가 아니다. 그러기 위해서는 자연스럽게 주얼리 연출 공식에도 덧셈이 아닌 뺄셈을 적용해야 한다. 머리부터 발끝까지 3개를 넘기지 말자. 주얼리도 너무 많은 것은 없느니만 못하다.

화려하거나 장식이 많은 옷은
가급적 액세서리를 피하거나
심플한 것을 착용하는 것이 좋다.

핸드백이나 구두의 장식용 버클이
골드인지 실버인지를 확인해서
같은 컬러로 맞추면 스타일링에
어색함이 없다.

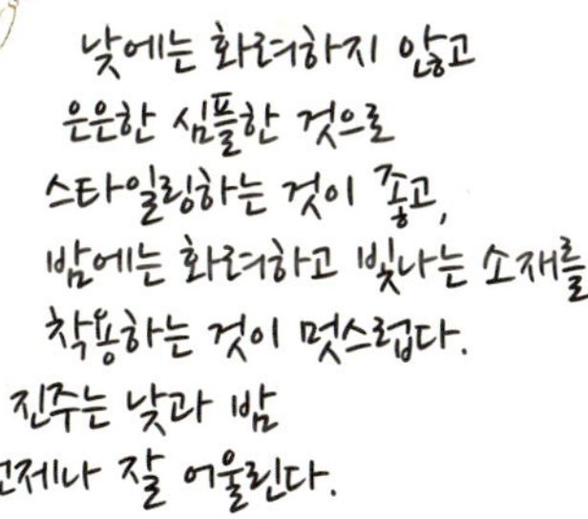

낮에는 화려하지 않고
은은한 심플한 것으로
스타일링하는 것이 좋고,
밤에는 화려하고 빛나는 소재를
착용하는 것이 멋스럽다.
진주는 낮과 밤
언제나 잘 어울린다.

자신만의 목걸이 스타일은
궁금증을 자아낸다

마흔부터 추구해야 하는 스타일의 최종 목표는 다른 사람들이 보았을 때 딱 떠오르는 '자기다움'을 연출하는 것이다. 그러기 위한 가장 효과적인 방법은 한 가지 아이템을 꾸준히 착용하는 것이다. 그렇다고는 해도 너무 도드라진 색이나 디자인으로 자신의 인상을 남기려고 한다면 취향이 다른 사람들이 볼 때는 자칫 부담스럽게 느껴질 수도 있다. 목걸이 정도로 자기다움을 강조하면 어떨까? 멀리서는 보이지 않지만 가까이 다가와 얘기할 때에 시선이 멈추도록 얇은 목걸이를 2줄 겹쳐서 한다면 엘레강스한 나만의 스타일을 가져다줄 것이다.

또 절제된 우아함을 보여 주는 진주 목걸이로 자기다운 스타일을 만들어 가고 싶다면 120cm 정도의 긴 길이를 추천한다. 티셔츠에 머플러를 두르고 길게 한 줄로 늘어뜨리는 것만으로도 스타일이 완성되고, 2줄로 감아서 사용하면 멋부리지 않은 듯 무심한 멋스러움을, 3줄로 해서 짧게 사용하면 보다 고급스러운 이미지로 어필할 수 있다.

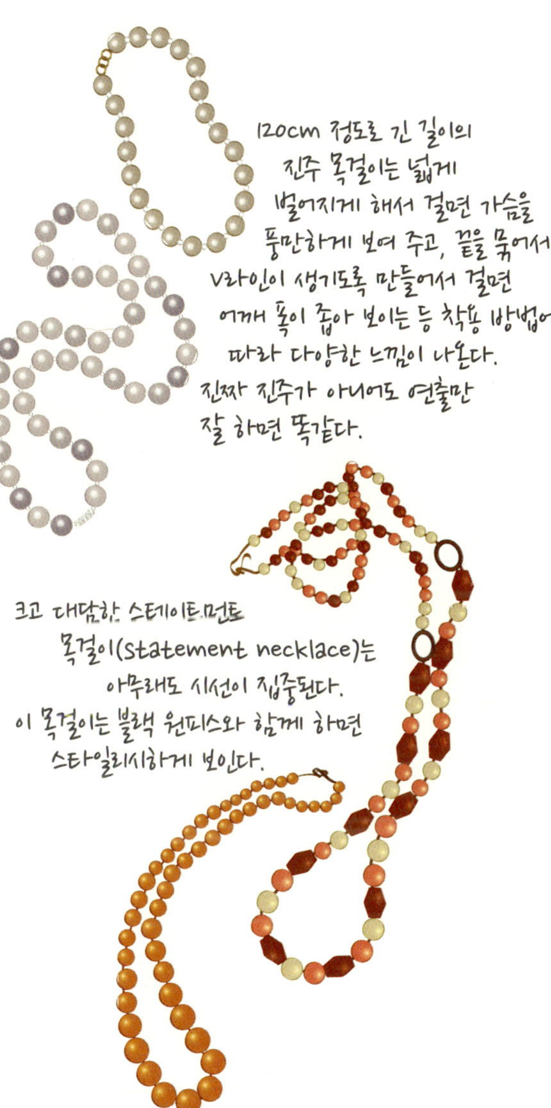

120cm 정도로 긴 길이의
진주 목걸이는 넓게
벌어지게 해서 걸면 가슴을
풍만하게 보여 주고, 끝을 묶어서
V라인이 생기도록 만들어서 걸면
어깨 폭이 좁아 보이는 등 착용 방법에
따라 다양한 느낌이 나온다.
진짜 진주가 아니어도 연출만
잘 하면 똑같다.

크고 대담한 스테이트먼트
목걸이(statement necklace)는
아무래도 시선이 집중된다.
이 목걸이는 블랙 원피스와 함께 하면
스타일리시하게 보인다.

자유자재로 겹친 팔찌에서 정체성이 엿보인다

목걸이는 분명히 자기다움을 나타내는 데 대단히 효과가 좋을 수 있지만 체형을 가린다는 점에 주의를 기울여야 한다. 이중 턱이거나 목이 짧다면 짧은 길이의 목걸이는 피하는 것이 좋고 윗배가 나왔다면 길게 달랑거리는 목걸이는 배를 강조할 뿐이다. 또 가슴이 작거나 어깨가 좁은 체형에 화려한 목걸이는 분명 무리이다. 하지만 스타일링의 액센트를 팔 주위로 옮겨가면 어떤 체형이든지 극복할 수 있다. 손목이라면 다이아몬드이든 미상가(misanga, 자수나 리본으로 만든 소원 팔찌)이든, 해외여행의 토산품 가게에서 산 에스닉한 것이든 체형에 구애받지 않고 자유자재로 레이어드할 수 있다. 그렇다고는 해도 쩌그렁쩌그렁 소리가 나는 것들을 겹쳐서 하면 주위 사람들에게 방해가 될 수도 있으므로 주의한다.

팔찌는 차지하는 면적은 작지만 보기보다 전체 스타일링에 강렬한 인상을 남긴다. 따라서 다양한 종류의 것들을 하나씩 하나씩 겹쳐 나가다 보면 언젠가 세월까지도 묻어나서 자기다움을 각인시켜 주는 절대적인 소품이 될 것이다.

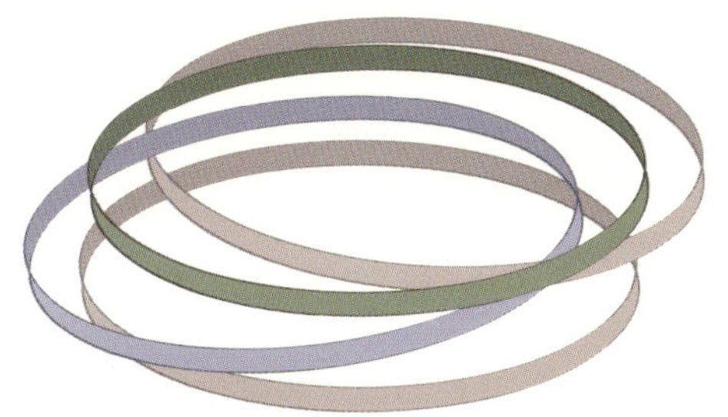

옷 차림이 밋밋해서
불만이거나 자신만의 개성을
어필하고 싶다면 뱅글(bangles)
팔찌가 정답이다.
심플한 옷차림에 큼직한 뱅글은
대담함과 화려함을
연출해 준다. 단, 싸구려처럼
보이는 플라스틱 뱅글은
절대 안 된다.

작고 예쁜 장식인 참(charm)을
매달아 놓은 참 팔찌는
굉장히 개인적인 아이템이다.
인생의 기억할 만한
사건들이 있을 때마다 하나씩
만들어 주면 이 팔찌 하나로
그 순간을 기억할 수 있게 된다.

귀로 시선을 분산시키면 얼굴이 작아진다

귀걸이를 하고 있으면 상대방의 시선이 얼굴에서 귀로 분산되기 때문에 결점이 눈에 띄지 않아서 훨씬 예쁘게 보인다. 하지만 자신의 페이스 라인과 목의 길이를 고려하지 않으면 오히려 결점을 강조하게 된다.

가령 얼굴이 긴 사람이 늘어뜨린 타입의 귀걸이를 하면 오히려 긴 얼굴이 강조되어 나이 들어 보인다. 이런 사람은 귀에 딱 붙고 늘어지지 않는 타입을 착용했을 때 얼굴형이 보완된다. 반대로 둥근 얼굴의 여성은 늘어뜨리는 타입을 달면 동그란 얼굴이 세로로 길어 보이기 때문에 전체 밸런스가 정돈된다. 이런 타입의 여성이 동그란 형태의 것을 착용하면 얼굴의 펑퍼짐함을 강조하기 때문에 피하는 것이 좋다. 또한 목이 긴 여성은 달랑거리는 귀걸이가 잘 어울리지만, 목이 짧은 여성은 귀에 딱 붙는 귀걸이를 선택해야 짧은 목이 강조되지 않는다. 이처럼 얼굴에 가장 가까이 있는 귀걸이는 선물로 받은 것이라고 해도 그냥 착용하는 것이 아니라 자신의 얼굴 모양, 목 길이 등에 반대되는 것인지를 확인한 후에 착용해야 한다.

귀걸이는 단순한 주얼리가
아니라 얼굴 생김새까지
좌지우지할 수 있는 도구이다.
단순한 귀걸이를 달면
얼굴이 야무지고
긴장감이 있어 보인다.

커다란 귀걸이를
얼굴 옆에 갖고 오면
그것과의 대비로 인해
얼굴이 실제보다 작아 보인다.
또 귀걸이는 피부마저도
아름답게 보이게 한다.

양쪽 귀에 대칭으로 놓이는
귀걸이는 얼굴의 폭을 양쪽에서
좁히려는 것처럼 뺨으로
다가가 갸름하고 오목조목한
얼굴로 보이게 한다.

마흔부터의 반지에서 역사가 묻어나면 안 된다

약혼반지나 결혼반지는 심장과 연결되어 있다는 의미의 약지에 끼는 것이 당연하다. 하지만 나이 든 여자가 약지에 반지를 끼고 있는 모습은 오래된 습관으로 비쳐서 보수적이고 지루하게 보일 수 있다. 그렇다면 마흔부터의 스타일을 위해 끼고 싶은 패션 반지는 어느 손가락에 끼는 것이 좋을까? 정답부터 말하면 집게손가락이나 새끼손가락에 끼는 것이 단연 스타일리시하다. 집게손가락에 큼지막한 반지를 끼면 패션에도 망설임이 없는 대범한 이미지를 연출하게 되고, 가늘고 얇은 타입을 새끼손가락에 끼면 섬세하고 여성스러운 느낌이 강하게 전달된다.

손가락이 짧거나 굵다는 이유로 반지를 끼지 않는 여성들도 있는데 화려하고 볼륨감 있는 디자인의 반지를 선택하면 손가락의 결점을 커버할 수 있다. 반대로 손가락이 가늘고 길면 화려하고 커다란 반지보다 얇고 가는 반지가 잘 어울린다. 하지만 아무리 어떤 디자인을 선택할지, 어느 손가락에 낄지를 생각했다고 해도 손톱이 깨끗하게 손질되어 있지 않으면 차라리 끼지 않는 게 나을 수 있다.

큼직한 칵테일 반지는
손이 크고 마디가 굵은 사람에게
어울리는 아이템으로
손이 작은 사람은 피하는
것이 좋다. 큰 것을 사지 않을
바에는 아예 사지 말고
예쁘고 개성 있는 모조 보석도
괜찮다.

칵테일 반지는
남의 눈을 끌기 위해,
처음 만난 사람과 원활한
대화를 위해, 나라는 사람을
드러내기 위해
끼는 것이다.

시계는 주얼리와 함께 할 때 자기다움이 나온다

남자의 시계와 달리 여자의 시계는 분명 주얼리에 속한다. 따라서 고가의 시계에 다이아몬드 팔찌, 그리고 루비 반지를 끼는 스타일링은 그저 사모님으로 보일 뿐 스타일리시하다고 말할 수 없다. 마흔부터의 스타일에는 누구나 가격을 알 수 있는 브랜드 시계 하나만을 착용하고 있는 모습보다 다른 주얼리와 조합을 이루어 자기 나름대로 믹스해 나가는 것이 스타일리시한 손목으로 연출된다.

이때 시계는 자신의 스타일과 반대되는 이미지의 것을 고르면 훨씬 매력적으로 보일 수 있다. 예를 들어 멀리서 봤을 때 찰랑찰랑한 긴 머리에 아름다운 곡선이 드러나는 원피스를 입고 있는 여성을 보면 부드럽고 여성스럽다는 인상을 받는다. 그런 그녀의 손목에 남자 시계 같은 커다란 시계를 착용하고 있으면 예상을 뒤엎는 상반되는 이미지기에 훨씬 강하게 돋보인다. 또 남자 슈트 같은 바지 정장을 입었을 때 가녀린 손목을 강조하는 여성스러운 시계를 스타일링하고 있어도 마찬가지이다. 이런 식으로 시계는 브랜드가 아니라 크기로 선택하는 것이다. 다양한 느낌을 주는 여성은 누가 보더라도 매력 있게 느껴진다.

여성에게 있어 시계는
멋이며 브랜드이며
소유욕을 만족시키는
물건이다. 적당한 사이즈에
무난한 디자인은 오랫동안
사용해도 질리지 않는다.

어떤 옷에 어떤 시계를
맞추느냐는 상관없다.
시계는 원래
남자의 물건이었기 때문에
조화롭지 않은 것이
오히려 멋스러워 보이거나
귀여워 보이거나
근사해 보인다.

골드와 실버는 섞이지 않고 끼리끼리여야 한다

귀걸이는 금, 목걸이는 은, 벨트 버클은 금, 구두 장식은 은. 이런 식으로 서로 다른 금속으로 되어 있는 여러 종류의 주얼리를 함께 착용하는 것은 좋지 않다. 어딘지 모르게 깔끔하지 않은 인상을 줄 뿐인데, 제대로 된 방법은 금은 금끼리 은은 은끼리 매치하는 것이다. 통일감이 느껴져서 더욱 완성된 스타일을 만들 수 있다.

많은 여성들은 날씨가 더워지면 은을, 추워지면 금으로 된 제품을 착용하는 경향이 많은데, 날씨가 아니라 자신에게 어울리는 게 금인지 은인지를 먼저 찾는 것이 더욱 중요하다. 더 예쁘게 보이기 위해서 골라 선택한 주얼리가 오히려 혈색을 나빠 보이게 하거나, 부정적인 인상을 주는 경우 틀림없이 자신에게 어울리지 않는 금속을 착용한 것이 이유일 수 있다. 지금보다 훨씬 매력적인 여성으로 보이고 싶다면 자신에게 어울리는 액세서리로 통일감을 준 스타일링을 하자. 시각적으로 균형 있게 보이기 때문에 당신의 개성을 더욱 돋보이게 해줄 것이다.

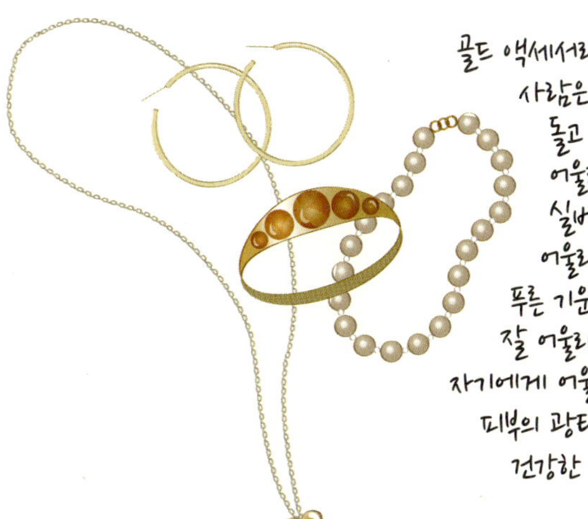

골드 액세서리가가 잘 어울리는
사람은 피부에 노란 기가
돌고 따뜻한 색이 잘
어울리는 웜 톤의 사람이다.
실버 액세서리가 잘
어울리는 사람은 피부에
푸른 기운이 돌고 차가운 색이
잘 어울리는 쿨 톤의 사람이다.
자기에게 어울리는 액세서리를 하면
피부의 광택이 살아나 밝고
건강한 인상을 주게 된다.

같은 골드와 실버
중에서도 반짝반짝하는
광택감이 있는 게
잘 어울리는 사람이 있고,
광택감이 없는 매트한
소재가 잘 어울리는
사람이 있다. 자신을 조금이라도
매력적으로 보이고 싶다면
이렇게 세세한 것까지
어울리는 아이템을 찾아보는 것도
방법이다.

어울리는 색을 입으면 매력이 증폭된다

마흔부터의 스타일을 갖기 위해서는 자기에게 어울리는 색을 찾는 일이 무엇보다 중요하다. 어울리는 색이야말로 한 순간에 아름다움을 끌어내 자기다움을 표현해 주기 때문에 세련되고 경쾌하게 보인다. 실제로 어떤 사람이 촌스럽거나 칙칙하게 보이는 건 디자인보다 색 선택이 잘못된 경우가 많다. 자신이 좋아하는 색과 자신에게 어울리는 색이 반드시 같은 것은 아니므로 지금부터라도 어울리는 색을 찾아보도록 하자.

우선은 자신에게 푸른 기가 있는 차가운 색이 어울리는지 노란 기가 있는 따뜻한 색이 어울리는지 찾는 것부터 시작한다. 차가운 색이 어울리는 쿨 톤(cool tone)의 여성은 노란색을 대보면 피부의 푸른 느낌이 눈에 띄어 아파 보인다. 또 따뜻한 색이 어울리는 웜 톤(warm tone)의 여성은 파란색을 대보면 피부의 노란 기운이 강조되어 피부가 칙칙하고 피곤해 보인다. 이것을 기준으로 거울 앞에서 많은 아이템들을 얼굴에 맞춰 보다 보면 점점 어울리는 색에 대한 감각이 잡힐 것이다. 자신의 얼굴을 돋보이게 해주는 어울리는 색이야말로 자신감의 원천이다.

A와 B 중 피부색이 깨끗하게 보이는 것은 어느 쪽인지 찾아보자.
A가 잘 어울리면 웜 톤이고, B가 잘 어울리면 쿨 톤이다.

머릿속에 고정된
색의 이름에서 벗어나자

잡지나 인터넷 기사를 보면 여성스러움을 강조하고 싶은 날에는 핑크를, 남성을 사로잡는 달달한 핑크로 승부하라, 올봄 러블리한 핑크걸로 변신하라, 드라마 속 여주인공의 핑크색 립스틱 따라잡기 등의 제목들이 많이 눈에 띈다. 하지만 이런 기사에 힘입어 도입한 핑크가 오히려 얼굴색을 칙칙하게 만들고, 어려 보이려고 발악을 하는 듯한 인상을 주는 여성들도 종종 보게 된다. 그렇다. 핑크는 분명 여성의 컬러이지만 어울리지 않는 핑크는 좌절만 남길 뿐이다. 같은 핑크라고 해도 쿨 톤에게는 차가운 핑크가 어울리고, 웜 톤에게는 따뜻한 핑크가 어울리는 것이다.

'나는 보라색은 어울리지만 핑크색은 안 어울린다'가 아니라 누구에게나 어울리는 보라색, 핑크색이 존재한다. 따라서 어떤 색이 유행한다고 했을 때 그 색 가운데에서 나에게 어울리는 것을 골라내면 된다. 머리부터 발끝까지 전신을 어울리는 색으로 갖추라는 것이 아니다. 적어도 얼굴 주위에 닿는 색부터 어울리는 색으로 갖춰 나가다 보면 점점 세련된 아름다움을 연출할 수 있게 된다.

쿨 톤인 여성에게 어울리는 핑크

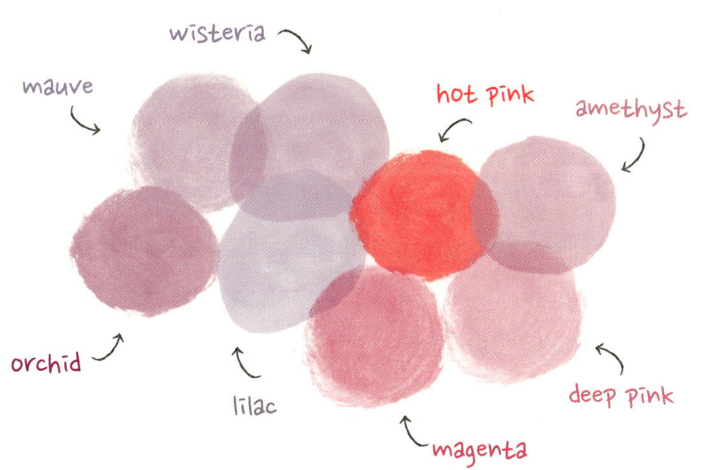

화이트를 받쳐 입으면 얼굴이 밝아 보인다

겨울철의 새하얀 다운 재킷이나 여름철 신상으로 나온 화이트 정장을 보면 청결한 아름다움에 매혹되지만 생각보다 스타일링하기 어려운 색이 바로 화이트이다. 따라서 화이트는 스타일링의 넓은 면적을 차지하는 기본 컬러로 사용하지 말고 어디까지나 포인트 컬러로 사용하는 것이 훨씬 효과적이다. 특히 검은색 니트에서 살짝 엿보이는 화이트 셔츠 깃, 그레이 재킷을 입고 쇄골에 걸쳐진 진주 목걸이 정도로 얼굴 주위에 흰색을 도입하면 소량만으로도 얼굴색이 한 톤 밝아지고, 표정이 밝아져서 깨끗한 인상을 주기 때문에 추천하고 싶은 스타일링이다. 그리고 어두운색을 많이 입게 되는 겨울철에도 흰색 셔츠 깃이나 소맷단, 혹은 밑단을 살짝만 보이도록 입어도 남다른 스타일링으로 마무리되는 것을 알 수 있다.

흰색은 결코 스타일링의 토대가 되어 주는 기본 컬러는 될 수 없지만 꼭 필요한 색이다. 그리고 어떤 의미에서 주얼리가 하는 역할을 대신해 줄 수 있는 특별한 색이기도 하다.

흰색을 잘못 입으면
생기 없고, 차갑고,
싼티 나는 등의
부정적인 인상으로
보일 수 있으므로
적은 면적에
사용하는 것이
효과적이다.

흰색은 순수하고
청결한 이미지를 나타내는
색이기 때문에
특히 더러워질 위험이
있을 때는 입지
않는 것이 안전하다.

흰색 옷을 입을 땐
흰색 속옷을 입으면 피부색과
대비되어 더욱 도드라진다.
자신의 피부색과
비슷한 색상의 속옷을
입어야 한다는 것은
스타일 이전의 상식이다.

블랙은 누구나를 도도하게 만들어 주지는 않는다

어울리는 색이 있다고 해도 많은 여성들은 '검정'을 특히 좋아한다. 날씬하게 보이고 스타일링이 쉽다는 등의 이유로 검정을 입는 사람이 많다. 하지만 생각보다 검은색이 잘 어울리는 사람은 적은 편이다. 대다수의 사람들은 검정을 입으면 피부색이 칙칙하게 보이거나, 필요 이상으로 어두운 인상을 주는 경우가 훨씬 많다. 그만큼 검은색은 누구에게나 어울리는 무난한 색은 아니다.

그렇다고는 해도 업무상, 회사의 규정상 등의 이유로 검정을 입어야 하는 경우도 많이 있다. 그렇게 검정 정장을 입어야 할 때에는 반드시 안에 받쳐 입는 이너 웨어의 색을 지금보다도 한 톤 밝은, 자기에게 어울리는 색을 선택해 보자. 또 새로 산 블랙 코트를 입을 때는 얼굴 가까이에 닿는 목도리나 숄 등의 색을 빨강, 핑크, 오렌지 등 화사한 색을 더해서 입는다. 아무리 그래도 검정을 어떻게 해서든지 입어야겠다면 시스루 등 투명감이 있거나, 반짝거리는 느낌이 있는 것을 입도록 하자. 소재나 직조로 검정을 가능한 가볍게 보이게 만들면 무겁고 부정적인 인상은 피할 수 있을 것이다.

검정이 잘 어울리는
사람이라고 해도
경우에 따라 지나치게
엄격해서 위압감이
들 수도 있고 낮에는
더워 보일 수도
있으므로 주의한다.

전신을 검정으로 입을 때는
소재에 변화를 주면 생기 있고
화려해 보인다. 또 무늬가
없는 검정 의상에는
블랙 & 화이트 프린트나
얇은 스트라이프가 들어간
옷을 매치하면 세련되게
잘 어울린다.

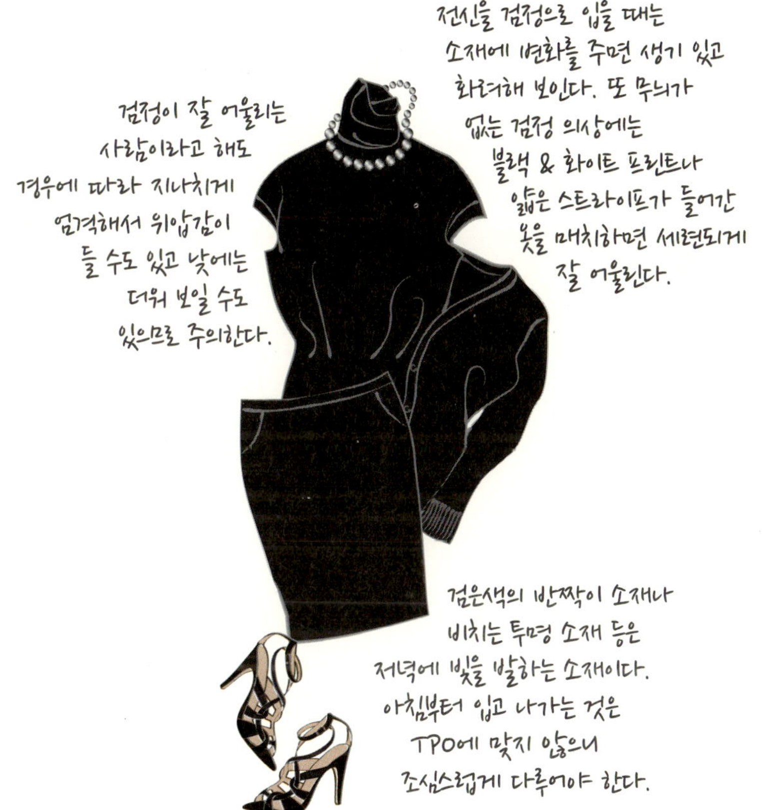

검은색의 반짝이 소재나
비치는 투명 소재 등은
저녁에 빛을 발하는 소재이다.
아침부터 입고 나가는 것은
TPO에 맞지 않으니
조심스럽게 다루어야 한다.

도시적이고 시크하려면
수수한 색을 입는다

앞에서 빨강, 노랑, 초록, 파랑 등 다양한 색 안에는 자신에게 어울리는 색이 따로 존재한다고 했었다. 어울리는 빨강을 찾았다고 해서 빨간색 코트를 입고 빨간색 구두까지 신고 나간다면? 남들 눈에는 그저 주책 맞은 여자로 보여질 뿐이다. 그렇다고 화려한 색을 사용하지 말라는 것이 아니다. 화려하고 선명한 색은 어디까지나 포인트로 사용했을 때만이 스타일리시하게 보인다.

그렇다. 스타일링의 토대가 되는 기본 컬러는 네이비, 그레이, 베이지, 브라운과 같은 약간은 수수하게 보이는 색으로 갖춰야 시크함이 묻어난다. 마흔부터의 스타일에서는 색에 도전 정신을 발휘하지 않는 것이 안전하다. 눈에 띄는 화려한 색은 주변과 어울리지 못한 채 둥둥 떠다니기 때문에 내추럴한 멋이 드러나지 않기 때문이다. 기본 컬러들의 미묘한 차이를 염두에 두고 자신의 눈동자, 피부, 모발에 어울리는 색은 무엇인지 포인트로 사용할 색은 어떤 색인지 등을 생각해서 베이스 컬러를 찾으면 언제나 시크함을 잃지 않을 수 있다.

시크(chic) : 심플함과 여성스러움, 고급스러운
도시 감각의 세련된 이미지로 단순하면서도
부드러운 소재와 무채색 계열의 차분한 톤이 주가 된다.

머리부터 발끝까지 3가지 색을 넘지 않는다

오늘의 스타일링에 몇 가지 색을 사용했는지 한 번 살펴보자. 흰 셔츠에 청바지만 입었다면 2가지 색을 사용했지만 어딘지 초라해 보일 것이다. 여기에 벨트, 구두, 핸드백을 브라운으로 정리하면 즉시 스타일이 살아난다. 그렇다. 마흔부터의 스타일링에 사용하는 색은 3색이다. 1색만 입으면 너무 단조롭기 때문에 자칫 지루하게 보이고, 2색이면 수수하지만 초라한 인상을 지우기 어렵다. 3색이 딱 좋다. 기본 색, 기본 색과 잘 어울리는 다른 한 색, 그리고 포인트 색.

기본 색은 특별히 인상에 남지는 않지만 전체 스타일링의 토대가 되어 주고, 기본 색에 어울리는 다른 한 색은 그 기본 색을 잡아 주는 윤곽 같은 역할을 한다. 그리고 조금 사용한 포인트 색은 깊이나 톤까지도 의외로 세세하게 인상에 남는다. 이렇게 3색으로 삼각형 구도가 만들어지면 스타일은 훨씬 진보한다. 이때 트렌드를 담을 수 있는 포인트 색은 변해도 좋지만, 기본 컬러는 확실하게 정해 두자. 아이템 하나하나 따로 보면 모두 훌륭한데 뭔가 뒤죽박죽인 인상이 고민이라면 그 원인은 색 사용이 너무 많은 상태라는 점이다.

악센트 컬러(accent color):
이미지의 강약을 강조하기
위해서 사용하는 색이다.
전체의 약 10 % 정도이기
때문에 대조적으로 눈에 띄는
색을 사용하면 효과적이다.
액세서리나 스카프 등의
색이 된다.

어소트 컬러
(assort color):
베이스 컬러를
돋보이게 하면서
전체 이미지를
정돈하는 색이다.
전체의 약 25~30%
정도를 차지하고 블라우스나
조끼, 스커트나 팬츠,
구두나 가방 등의
색이 된다.

베이스 컬러
(base color):
전체적인 분위기를
결정하는 색이다.
전체의 약 70% 정도를
차지하고 정장, 원피스,
코트 등의 색이 된다.

Slim Forty

목, 손목, 발목이
날씬함을 가져다준다

모델처럼 큰 키에 마른 몸을 가지고도 스타일을 제대로 표현하지 못하는 사람이 많다. 반대로 육감적이고 통통한 몸이지만 옷을 입었을 때 슬림하게 연출하는 사람도 있다. 그렇다. 마흔부터는 힘든 다이어트보다 날씬하게 보이는 연출법을 아는 것이 중요하다. 체중은 그대로지만 마치 3kg 이상 다이어트에 성공한 것처럼 바뀔 수 있다.

그러기 위해서는 무엇보다 자기 체형의 장단점을 잘 파악하여 장점은 눈에 띄게 강조하고, 단점은 최대한 가리거나 시선에서 멀리 떨어지게 유도해야 한다. 이를테면 배가 불룩 나온 여성이 블라우스를 안에 넣은 채 타이트 스커트를 입는다거나, 목이 짧고 굵은 여성이 춥다고 스카프로 온통 목둘레를 감싸고 다닌다면 자기 체형의 단점을 온 세상에 광고하고 다니는 것과 같다. 모델들처럼 천성적으로 옷발이 잘 받는 체격을 갖고 있는 사람들조차도 다 자기 체형의 단점을 파악하고 그것을 두드러지게 보여 주는 옷차림은 피한다. 하물며 체격에 있어서 단점을 많이 가지고 있는 우리들은 자기 체형의 최대 약점이 어디인지 파악하여, 그 부분을 최대한 커버할 수 있는 디자인을 선택하는 것이 중요하다.

온몸이 통통하더라도 목, 손목, 발목 이 3곳을 내놓으면 여성스러움과 날씬함 모두가 배어나온다.
옷으로 체형의 결점을 가려서 날씬하게 보이자.
발목을 드러낸 바지 길이가 여성스럽고 날씬하게 보인다.
둥근 어깨선 때문에 온몸이 통통해 보일 때는 몸의 라인을 그대로 보여 주는 부드러운 소재보다 빳빳한 소재로 어깨선이 분명한 옷이 날씬하게 보인다.

날씬한 실루엣을 아는 게 다이어트의 시작이다

날씬하게 보이는 스타일이란 다른 누구도 아닌 지금 현재의 당신을 가장 아름답게 보여 주는 멋내기 기술이다. 따라서 말랐다, 통통하다는 등의 체형을 따져 그 사람을 부정하지 않는 기술인 것이다. 물론 멋과 체형은 떼려야 뗄 수 없는 관계이긴 하지만 날씬해 보이는 실루엣을 알고 나면 필요 이상으로 신경질적이 되지는 않는다.

패션에서 실루엣이란 의상의 전체적인 윤곽선을 말하는데, 이는 매우 중요한 시각적 요소이다. 어깨선, 가슴선, 허리선 등의 라인으로 결정되는 실루엣은 크게 아우어글래스 실루엣, 스트레이트 실루엣, 벌크 실루엣 이 세 가지로 구분한다. 이 중 마흔부터 추구하고 싶은 날씬해 보이는 실루엣은 아우어글래스 실루엣이다. 다음 두 개의 일러스트는 똑같은 비율로 그린 것이다. 하지만 오른쪽이 훨씬 가늘고 길며, 날씬하고 좋은 스타일로 보일 것이다. 모래시계처럼 허리를 강조하는 형태에 팔다리가 길어 보이도록 옷 길이를 조정하여 입는 것만으로도 충분히 슬림 업 효과를 기대할 수 있다.

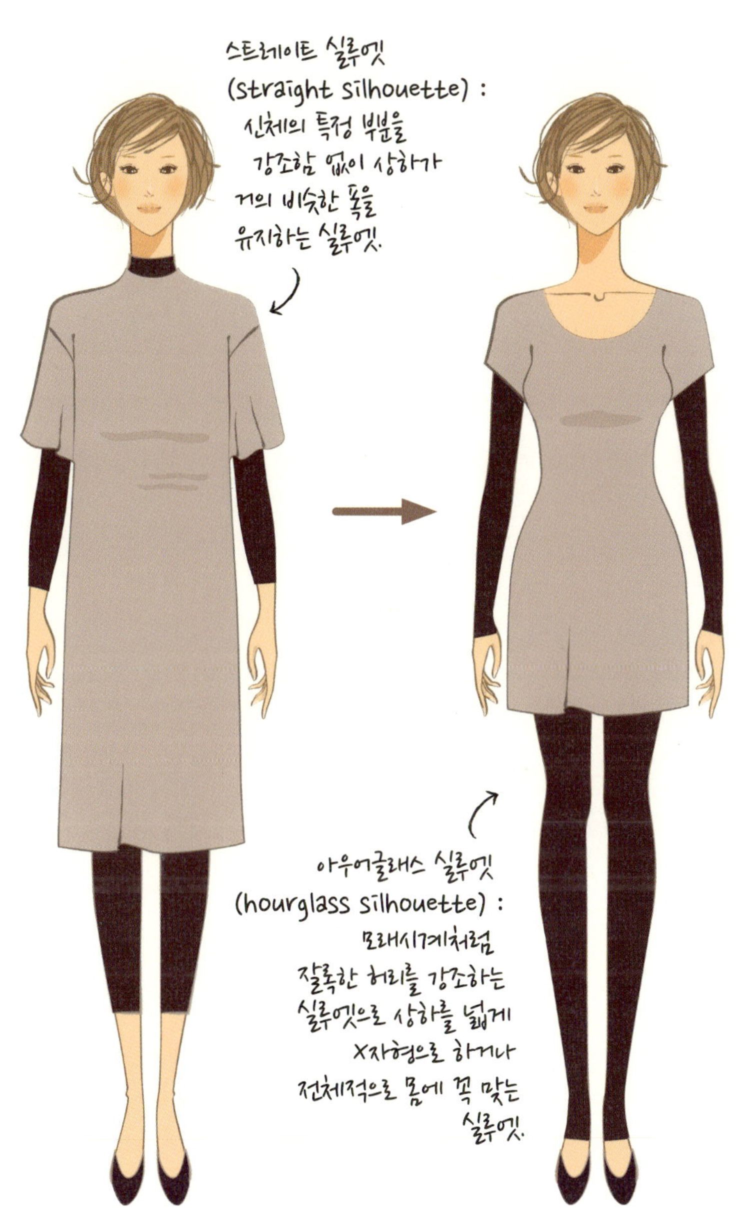

스트레이트 실루엣
(straight silhouette) :
신체의 특정 부분을
강조함 없이 상하가
거의 비슷한 폭을
유지하는 실루엣.

아우어글래스 실루엣
(hourglass silhouette) :
모래시계처럼
잘록한 허리를 강조하는
실루엣으로 상하를 넓게
X자형으로 하거나
전체적으로 몸에 꼭 맞는
실루엣.

실루엣을 무시하면
스타일은 살아나지 않는다

멋쟁이로 불리는 사람들은 각각의 아이템보다 전체 밸런스를 중시한다는 것을 알 수 있다. 스타일에 관해서도 실루엣을 제일로 생각하는 것이다. 사람은 누군가를 볼 때 세세한 곳부터 보지 않는다. 우선 머리부터 발끝까지 슥 전체를 먼저 훑어보게 된다. 그것만으로 그 사람의 인상을 파악하는 것이다. 그렇기 때문에 가장 중요한 실루엣을 무시하면 나중에 어떤 장식을 해도 스타일은 살아나지 않는다.

따라서 우선은 전신 거울로 체크하는 습관을 들이자. 자신을 '그림자'로 해서 전체를 보는 훈련을 쌓으면 실루엣을 보는 눈이 생길 것이다. 전신 거울을 앞에 놓고 눈을 가늘게 떠서 본다. 날씬하고, 세로로 길고, 안정감이 있어 보이면 슬림한 실루엣으로 완성이다. 다음 일러스트로 보면 오른쪽에 해당된다. 뚱뚱하게 보이거나 중심이 아래로 내려가 있어서 오뚜기처럼 보이면 아이템을 바꾸거나 빼버리는 등 불필요한 부피감을 덜어내서 날씬한 몸으로 보이도록 연구한다. 나머지 20%는 색이랑 장식이 차지하지만, 실루엣이 완성되면 이것만으로 스타일의 80%는 이루어진 것이다.

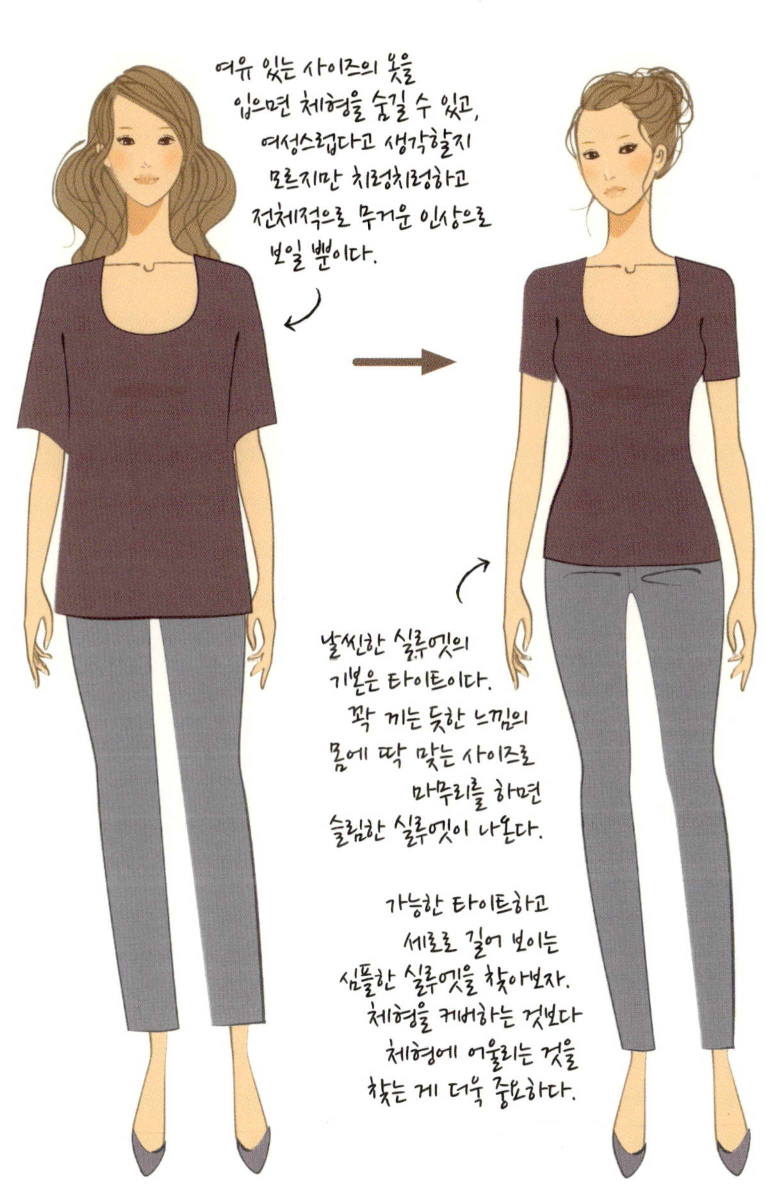

여유 있는 사이즈의 옷을
입으면 체형을 숨길 수 있고,
여성스럽다고 생각할지
모르지만 치렁치렁하고
전체적으로 무거운 인상으로
보일 뿐이다.

날씬한 실루엣의
기본은 타이트이다.
꽉 끼는 듯한 느낌의
몸에 딱 맞는 사이즈로
마무리를 하면
슬림한 실루엣이 나온다.

가능한 타이트하고
세로로 길어 보이는
심플한 실루엣을 찾아보자.
체형을 커버하는 것보다
체형에 어울리는 것을
찾는 게 더욱 중요하다.

삼각형이나 역삼각형 실루엣은 간단하고 안전하다

간단하게 아름다운 실루엣을 만드는 요령은 정삼각형이나 역삼각형을 만드는 것이다. 상반신과 하반신에 '볼륨감'의 강약을 주면, 날씬하게 만든 부분이 보다 날씬해 보여서, 그 결과 밸런스 업으로 연결된다. 두꺼운 다운 재킷에 두꺼운 와이드 팬츠를 입었을 때 뚱뚱하게 보이는 것은 이 이론을 지키고 있지 않기 때문이다.

구체적으로 '삼각형' 실루엣은 상의를 타이트하고 작게 만들고, 반대로 하의에는 볼륨을 주는 것이다. 예를 들면 몸에 딱 맞는 터틀넥 니트를 입고 주름이 많이 들어간 풍성한 A라인 스커트나, 주름이 들어간 바지를 맞추는 식의 스타일링. '역삼각형' 실루엣은 그 반대로 상의에 볼륨을 넣고, 하의는 스키니하게 연출하면 된다. A라인의 레이스 블라우스에 슬림한 청바지를 입는 식이다. 둘 다 비교적 체형을 따지지 않는 실루엣이지만, 엉덩이나 허벅지가 뚱뚱한 사람은 삼각형 실루엣을, 가슴에 볼륨이 있는 사람은 역삼각형 실루엣을 선택하면 보다 효과적이다.

역삼각형 실루엣 :
엉덩이를 간당간당하게
덮을 정도 길이의 카프탄에
타이트한 슬림 청바지를 입는 식으로
상의에 부피감을 넣어서
날씬하게 보이도록
연출하는 실루엣이다.

삼각형 실루엣 :
가능한 상의를 콤팩트하게
만드는 것이 가장 중요하다.
상체에 딱 맞는 터틀 니트에
빳빳한 소재의 A라인 스커트,
타이츠에 펌프스를 신는 스타일로
연출하면 여성스럽고
날씬해 보인다.

밸런스 감각을 키우면
스타일이 따라온다

날씬하게 보이는 스타일을 연출하고 싶다면 우선은 전신을 거울에 비춰 보자. 체형의 단점을 보라는 것이 아니다. 거기에 초점을 맞추지 말자. 어디까지나 전신 밸런스를 체크해 본다. 항상 거울로 안색이 밝게 보이는지, 얼굴 주위가 깔끔하고 작은 얼굴로 보이는지, 상의와 하의 길이의 밸런스는 좋은지, 상의와 하의의 볼륨은 치우쳐 있지 않은지, 구두나 타이츠, 스타킹의 색이 옷에 맞는지, 액세서리의 길이나 볼륨이 옷에 맞는지, 화장의 진하기와 옷의 밸런스가 맞는지, 핸드백의 색, 형태, 볼륨, 소재 등이 전체와 잘 어울리고 있는지를 체크하는 습관을 몸에 익히면 스타일은 저절로 연마된다.

다음의 일러스트를 보자. 같은 아이템을 몸에 걸치고 있는데 인상이 다르게 보이지 않는가? 같은 비율로 그리고 있는데도 신장 차이에 따라, 그리고 상하좌우의 밸런스 차이로 날씬해 보이거나 그렇지 않게 보이는 것을 알 수 있다. 이처럼 전신 밸런스에 따라서 겉모습의 인상은 바뀌고, 좌우 어느 쪽에도 치우치지 않는 안정감을 갖게 된다. 안정감은 흔들리지 않는 존재감으로 연결되기 때문에 밸런스 감각이야말로 마흔부터의 스타일에 반드시 필요한 요소라 하겠다.

위아래 정확히 구분되면
상의의 가로 라인이
강조되어 날씬하게
보이지 않는다.

같은 톤으로 통일하는
톤온톤 스타일은
언제나 슬림하게
보인다.

좌우대칭 밸런스

기본 밸런스 :
좌우대칭에 가까울수록
균형미가 느껴지기
때문에 아름답게
보인다.

응용 밸런스 :
머리를 묶어서 왼쪽으로
늘어뜨리면 팔찌는
오른쪽에 착용해서 좌우
밸런스를 맞추는 식으로
연출한다.

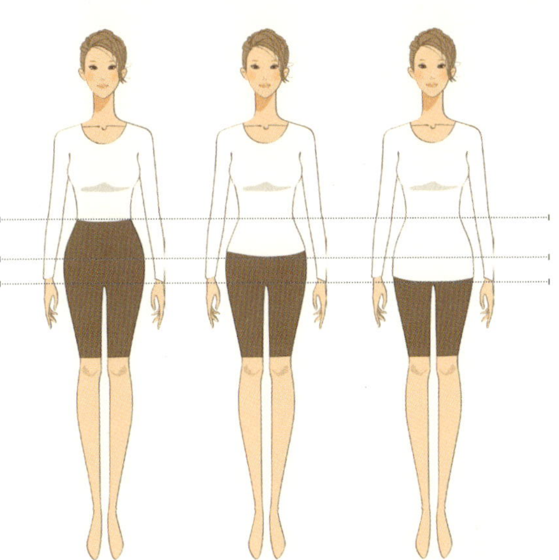

중심이 위로 보이기
때문에 다리가
길어 보이는 스타일

같은 원피스의 신장차 밸런스

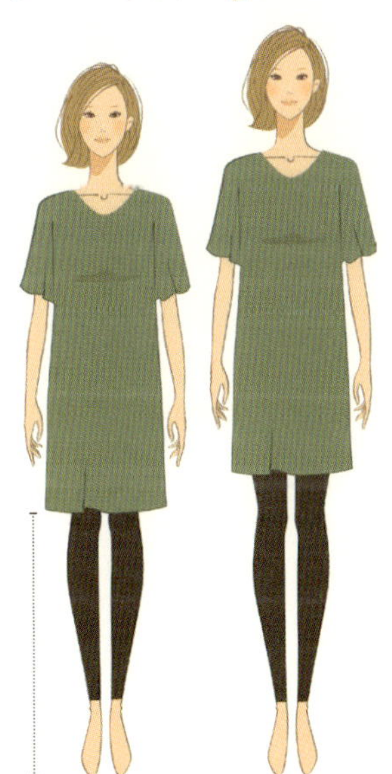

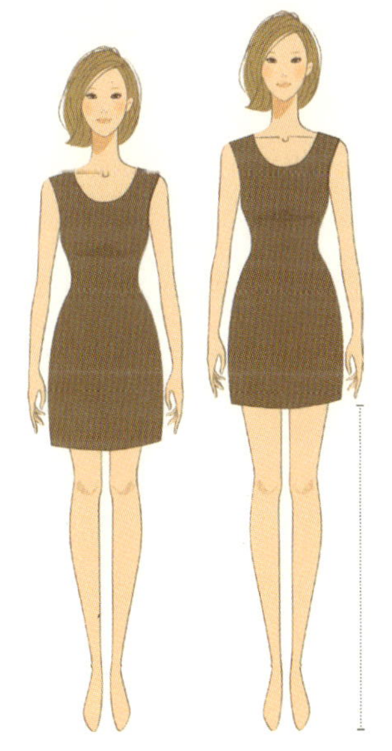

키가 작은 사람에게 긴 원피스는
다리가 짧아 보일 수 있기 때문에
반드시 힐을 신어야 한다.

키가 큰 사람에게 짧은 원피스는
허벅지가 많이 드러나서 부츠를 함께
신어 주지 않으면 뭔가 부족해 보인다.

마흔부터의 스타일은
더하기가 아니라 빼기다

마흔부터의 스타일에서는 '무엇이 필요한가'가 아니라, '무엇이 필요 없는가'를 생각해야 한다. 우리들은 이미 옷과 소품을 충분히 가지고 있다. 아니 어쩌면 지나치게 많이 가지고 있는 것인지도 모른다. 물론 이것저것 다양한 아이템을 몸에 걸치는 것은 즐거운 일이다. 하지만 나이가 있어도 멋지게 연출하는 여성들을 잘 관찰해 보면 적은 아이템으로 모던한 스타일을 즐기고 있는 경우가 훨씬 많다. 정리정돈의 마음가짐이 날씬하게 보이는 스타일의 비결인 것이다. 불필요한 것을 깔끔하게 정돈하니까 '보이고 싶은 곳'에 시선을 집중시킬 수 있다. 그렇게 하면 마치 카메라의 핀트를 맞춘 것처럼 옷이 돋보이는 것이다.

따라서 스타일을 위해서 아이템을 늘릴 필요는 없다. 그렇다. 오히려 빼야 한다. 절대적으로 필요하다고 생각하고 있던 아이템이었지만 정작 없애고 나면 없어도 충분하다는 것을 깨닫게 된다. 신상 옷을 탐닉하기 전에 우선은 스타일 뺄셈을 연습해 보자. 많은 것은 적으니만 못하다는 것은 스타일에도 똑같이 적용된다.

비어 있는 공간이 없이
어질러져 보이고,
싸구려 같은 인상이 될
위험이 있다. 과도한 장식은
복부인을 연상하게
할 뿐이다.

정리되면 방이 깨끗해
지는 것 같은 상쾌함이
생긴다. 목걸이, 팔찌,
귀걸이 등 주렁주렁 달려 있는
아이템이 적어진 분량만큼
깔끔하고 부티나게 보인다.
간결함 속의 조화가
부티의 핵심이다.

심플한 비율이
슬림을 가져다준다

마흔부터의 스타일을 갖기 위해 신상 아이템을 반드시 갖춰야 한다거나 극심한 다이어트를 할 필요는 없다. 유행하는 아이템이나 타고난 체형보다 겉으로 보이는 밸런스와 실루엣으로 승부하는 것이 더욱 중요하다는 것을 앞에서 이야기했었다.

정돈된 아름다운 밸런스. 그것을 발견하기 위해서 우선 신경 쓰이는 부분을 먼저 적어 보도록 하자. 마음에 드는 옷을 입었을 때 처음부터 '어머 예쁘다, 너무 잘 어울린다'고 말할 수 있는 사람은 흔치않다. 몸집이 작은 사람은 작은 몸집 나름대로, 몸집이 큰 사람이나 풍만한 사람도 그 나름대로 자신의 체형에 고민스러운 부분이 있을 것이다. 하지만 자신의 장점을 부각시킬 수 있는 '자신만의 황금비율'을 발견하면 안정된 밸런스 미인이 될 수 있다.

그중에서도 심플한 비율은 날씬하게 보이는 최상의 스타일을 가져다준다. 알기 쉽게 일러스트로 상의와 하의의 밸런스 비율을 측정해 보았다. 이렇게 하면 한눈에 상의와 하의의 밸런스를 볼 수 있는데, 1:2, 1:3 등 아름답게 보이는 비율이 따로 존재한다는 점을 알 수 있을 것이다. 만약 실루엣과 밸런스를 잘 모르겠다녀 서울로 전신을 비쳐볼 때 이와 같은 비율이 나오는지를 측정해 보자. 비율이 나오지 않으면 버튼 채우는 위치를 여기저기 바꿔 보거나, 소매를 걷거나 내리거나 해서 길이를 조절해 본다. 틀림없이 서서히 감각이 생길 것이다. 이 심플 스타일의 황금 비율을 의식하면 체형에 상관없이 충분히 날씬한 멋쟁이로 보일 수 있다.

힐을 신어서
데님 3: 다리 1의 비율로
무릎 아래를 길어 보이게
연출하면 다리가
훨씬 길어 보인다.

블라우스와 팬츠의
비율이 1:2로 나오면
하체가 길어 보이는
이상적인 연출이다.

3

1

1

2

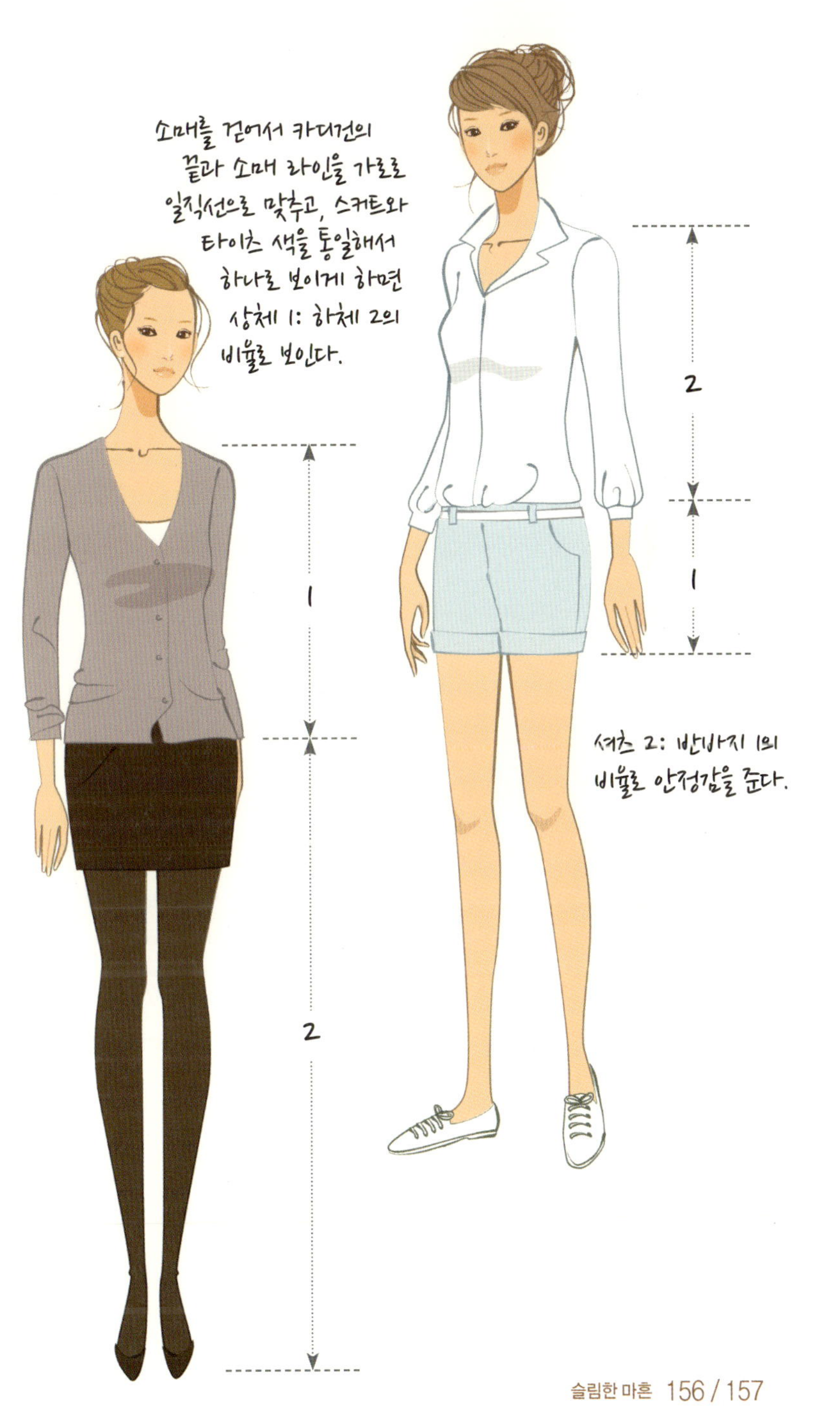

소매를 걷어서 카디건의
끝과 소매 라인을 가로로
일직선으로 맞추고, 스커트와
타이츠 색을 통일해서
하나로 보이게 하면
상체 1: 하체 2의
비율로 보인다.

2

1

2

셔츠 2: 반바지 1의
비율로 안정감을 준다.

이젠 몸의 라인을 다 드러내도 야하게 안 보인다

다음 일러스트를 잘 보자. 2개의 일러스트는 같은 비율의 몸이다. 언뜻 보기엔 비슷한 것 같은 옷이랑 아이템인데, 겉모습의 인상이 다르다는 것을 알 수 있다. 당연히 오른쪽의 일러스트가 가늘고 길고 날씬하게 보인다. 반대로 왼쪽은 몸 전체를 감싸는 듯한 아이템을 입고 있지만 뚱뚱하게 보이는 것을 알 수 있다. 그렇다. 눈의 '착시 현상'을 이용하면 얼마든지 날씬하게 보일 수 있는 것이다.

특히 그동안 보수적인 스타일만을 고집했던 이삼십 대를 보낸 사람들이라면 몸의 라인을 드러내는 데 조심스러울 것이다. 너무 드러나면 어딘가 야해서 창피하다는 생각에 늘 수수하고 빈틈없는 옷을 입어왔을 텐데, 일러스트에서 확인했듯이 몸의 라인을 드러낸 쪽이 의외로 날씬해 보인다. 나이가 들수록 타인의 시선에 편해지기 때문에 이제는 당당하게 라인을 드러내도 될 때가 왔다. 처음에는 좀 신경이 쓰이겠지만 보는 쪽에서는 애써 숨기지 않는 당당함에 자연스럽게 압도될 것이다.

허리부터 아래쪽의 하체에
세로 라인을 방해하는 듯한
가로 라인이 눈에 띄면
뚱뚱해 보인다.

가슴 주위를 많이 드러내면
목이 길어 보이고,
긴 목걸이는 세로로 길어
보이는 효과가 있다.
가늘고 긴 소매로 팔을 길게,
바지 길이는 최대한 길게
한 후 세로 라인을
가로막는 바짓단의
가로 라인을
최소한으로 하면
세로로 길어진다.

우리는 신체의 가장 넓은
선만큼 커 보인다.
따라서 절대로 옷에서 나오는
가로 라인이 신체의
가장 넓은 부위에
오지 않도록 해야 한다.
그 부분이 더욱 강조되기 때문이다.

넉넉한 사이즈가 여유 있는 인생을 대변하진 않는다

스타일의 차이는 사이즈 감각의 차이에서 비롯된다고 해도 과언이 아니다. 분명 벗었을 때 날씬한 여성인데 옷을 입으면 훨씬 뚱뚱하게 보이는 사람도 있고, 반대로 옷을 입고 있을 때는 누구보다 날씬하게 보이는데 옷을 벗고 나면 보기보다 살집이 많은 경우를 볼 수 있다. 이 차이는 다름 아닌 피트감이 살아 있는지 아닌지에서 오는 것이다. 얼핏 보기에 날씬하게 보이는 것은 타고난 체형의 문제가 아니라 사이즈 감각에 이유가 있었던 것이다.

그동안 몸에 딱 맞는 옷을 입으면 뚱뚱해 보인다고 생각해서 오히려 약간 여유가 있는 조금 큰 것을 선택하지 않았는가? 옷을 입었을 때 더욱 날씬하게 보였던 그녀들은 오히려 그 반대로 한 사이즈 아래를 선택해 왔던 것이다. 따라서 앞으로는 한 사이즈 아래도 입어 본 후 몸에 딱 맞는 사이즈를 구입하길 추천한다. 몸에 딱 맞는 사이즈, 즉 핏이 좋으면 사람들의 시선이 당신에게 저절로 집중될 것이다. 여유 있는 사이즈가 결코 여유 있는 인생을 대변해 주지는 않는다.

재킷은 한 사이즈 아래의 것을 선택해 보자. 입고 있는 사이에 약간 늘어나서 몸에 잘 맞는 경우가 많다. 실루엣이 곡선적으로 보여서 여성스러움도 나온다.

느슨한 디자인이라도 한 사이즈 아래를 입으면 가슴, 소매 길이가 위쪽으로 올라가서 늘씬하게 보인다.

풍성한 재킷은 얻어 입은 옷처럼 보여서 늙은 인상을 준다. 구두, 특히 샌들은 큰 것을 신으면 구두를 질질 끌고 다니는 듯한 인상을 주기 때문에 아름답지 못하다.

나이가 들면 받아들여야 하는
나잇살은 일단 숨기고 본다

몸무게는 절대 변함없다는 여성들도 나이가 들면 허리, 아랫배, 팔뚝 등에 나잇살이라는 것이 붙는다. 아무리 열심히 운동을 해도 도대체 빠질 생각을 하지 않는 이 살들 때문에 자신의 몸매에 불만을 갖게 되는 경우가 많다. 나이가 들어 몸매가 변하는 것에 난감해 하거나 우울해 하지 말고 얼른 대책부터 강구하자. 가장 좋은 방법은 감추고 싶은 부분을 최대한 눈에 띄지 않도록 스타일링하는 것이다.

예를 들면 자리 잡은 뱃살을 가리기 위한 박스 스타일의 옷은 피하고 의상 자체에 라인이 들어간 옷을 선택한다. H라인이나 A라인의 원피스도 배를 가려 주는 좋은 아이템이다. 모든 상의는 V존이 깊게 파인 스타일이 적합하며, 배가 가장 많이 튀어나온 부분에서 아랫단이 끝나는 것은 절대 입지 말아야 한다. 또 셔츠를 바지 안으로 넣어 입으면 똥배가 더욱 강조된다. 셔츠를 겉으로 빼고 벨트 맬 생각도 버리자.

또 팔뚝 살이 고민일 때는 팔의 가장 굵은 부분에서 시선이 멈추는 스타일을 피하면 된다. 캡 슬리브나 짧은 반소매가 이 경우에 해당한다. 접은 단이 달린 짧은 소매의 옷은 굵은 팔뚝을 크게 강조하므로 쳐다도 보지 말자. 접은 단은 몸의 어느 부위에 있든 간에 그 부위를 짧고 넓어 보이게 하는 경향이 있다. 소매에 약간의 여유분이 있는 짙은 색의 타이트한 소매가 적합하고 팔에서 가장 가는 부분인 손목만 나오는 7부 소매도 팔을 가늘어 보이게 한다.

이런 식으로 신체적 단점을 감출 줄 알게 되면 장점을 부각할 줄도 알게 된다. 자신의 신체를 올바르게 부각시키게 되면 몸무게가 변하고 치수가 달라져도 자신감부터 입을 수 있게 된다. 마흔부터의 스타일은 여기부터 출발이다.

굵은 허벅지를 가졌다면
짙은 톤의 일자로 여유 있게
떨어지는 세미 타이트 팬츠나
A라인 스커트가 가장 좋은
아이템이다. 그리고 시선을
상체로 끌 수 있는 컬러,
무늬, 겹쳐 입기 등을 하면
두꺼운 허벅지에
시선이 가지 않는다.
엉덩이가 신경이 쓰이면
엉덩이 부분을 가려 줄 만한
길이의 상의가 좋으며
아래로 내려갈수록
퍼지는 A라인 원피스나
스커트도 추천한다.
같은 색상의 상하의를
입는 것이 바람직하다.

마흔이 넘으면서 두꺼워진
허리는 상의의 밑단이 허리
라인을 넘긴 것을 입으면
가려지며 허리 라인과
어긋나는 재킷이나 톱을
겹쳐 입으면
스타일도
살아난다.

똥배가
나왔다면
레글런 소매로
가슴을 풍만하게
보여주는 상의를
고르고 배는 살짝 주름을
잡아서 가려 준다.
스카프나 액세서리로 시선을 위로
끌어 주는 것도 좋은 방법이다.

팔뚝이 굵을 때는
몸통과 소매가 붙어
암홀(armhole)이
넉넉한 소매를
선택해서 팔뚝 살을
가린다. 얇게 비치는
망사 소매는 팔뚝 살을
완전히 드러내지
않으면서도 은근히
섹시한 분위기도
자아낸다.

경계선의 가로 라인이
눈에 띄면 뚱뚱함이 부각된다

흰색 셔츠에 남색 팬츠, 검정 니트에 청바지. 이런 조합은 언제나 스타일리시하다. 하지만 이렇게 상하의 대비를 주는 스타일링은 경계가 생겨서 가로 라인이 눈에 띈다. 더구나 이 가로 라인이 신체의 가장 넓은 부위, 다시 말해 감추고 싶은 부위에 놓이면 더욱 부각된다는 말이다. 따라서 날씬하게 보이고 싶다면 상하 같은 톤으로 스타일링해서 세로 라인을 강조하는 것이 좋다.

우선은 색채에 관계없이 전체를 농도로 바꿔 본다. 그리고 밝은색, 중간색, 어두운색으로 그룹을 분리하자. 상의와 하의, 바지와 부츠 등의 접점에 가능한 농담을 주지 않도록 그룹으로 스타일링을 한다. 그렇게 하면 전신으로 봤을 때 경계가 뚜렷하지 않고 애매하게 보이고, 차분하게 되어서 세로로 긴 인상으로 완성된다. 위에서 아래까지 시선이 끊어지지 않고 주욱 늘어나 보이기 때문에 더욱 날씬하게 보이는 것이다. 검은색을 입을 경우에는 피부색과의 대비가 강하기 때문에 레깅스나 스타킹을 신어서 피부색과의 경계를 완화시켜 주어야 날씬하게 보인다.

가로 라인이 너무 많이
눈에 띈다. 이상적인 비율의
몸매라고 하더라도
톤의 차이가 두드러지면
허리 주위 등의
가로 라인이
강조되어
시선이 끊어진다.

각각의 색이라도
진하기가 비슷하면
뒤죽박죽으로 보이지
않기 때문에
시각적인 통일감을 가져와서
훨씬 날씬하게 보인다.
전신으로 죽 떨어지는
세로 라인이
방해받지 않는다.

여자의 팔뚝에는
나이와 인생이 배어난다

스타일을 생각할 때에 놓치기 쉬운 팔. 그러나 팔의 인상으로 전신의 비율은 크게 바뀐다. 팔이 짧아 보이면 어깨가 올라가고 허수아비같이 대롱대롱 매달린 것처럼 보여서 전신의 밸런스가 나빠진다. 따라서 팔을 가늘고 길게 보일 필요가 있는데 이때 팔은 두께보다 근육이 보이면 훨씬 가늘고 날씬하게 보인다. 또한 잘록하거나 가는 부분은 내놓거나 소매가 딱 맞도록 조절한다. 팔에서 가장 가는 손목을 내놓으면 가냘프고 날씬한 인상이 더해진다. 소매는 딱 맞고 몸통은 약간 풍성한 것을 입으면 대비되어서 팔 전체가 가늘어 보인다. 따라서 '가늘고 긴팔'을 의식하면 옆모습도 아름다워지고 스타일 향상에도 크게 공헌한다.

팔이 굵은 여성은 접힌 단이 달린 짧은 소매 옷은 절대로 피해야 한다. 이런 옷은 굵은 팔을 더욱 굵어 보이게 한다. 왜냐 하면 접힌 단은 어디에 놓이든지 그 부위를 짧고 굵어 보이게 하기 때문이다. 여유가 있는 칠부 소매를 입으면 굵은 팔이 강조되지 않는다.

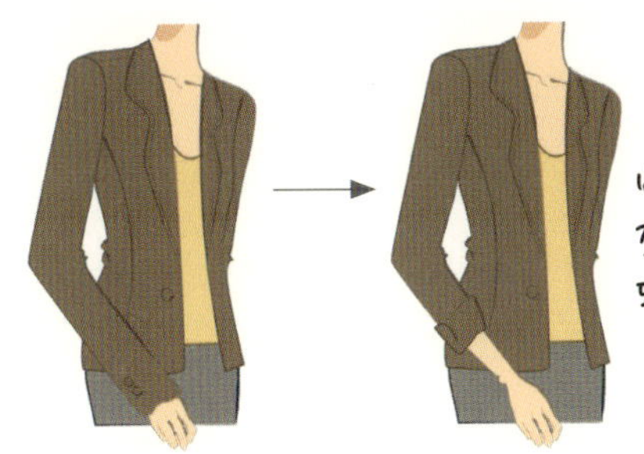

빼가 보이는 손목이 나오도록
조절하면 날씬함이 배가
된다.

팔을 길게

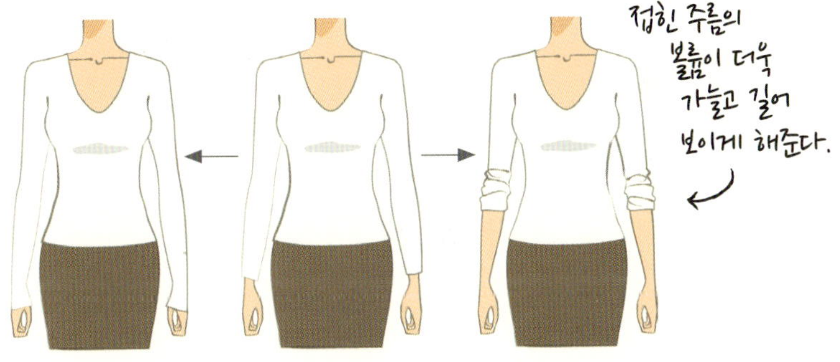

소매 길이가 길면
팔이 길어 보인다.

어정쩡하면
내복으로 보일 수 있다.

팔꿈치부터 아래로
연장되어 보인다.

팔뚝을 가늘게

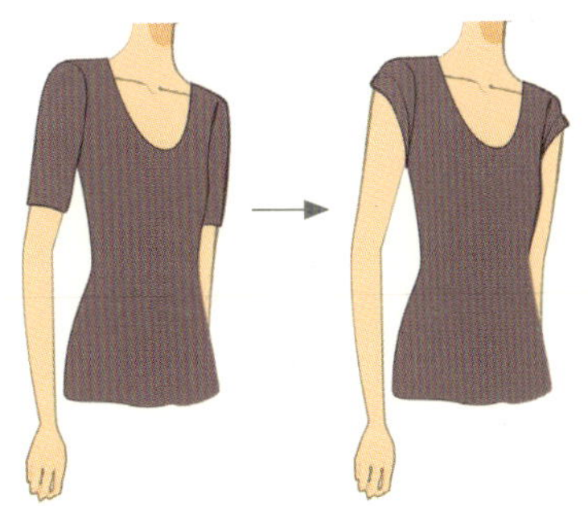

팔뚝을 숨기는 것보다 내놓고
프렌치 슬리브의 감싸는 듯한
라인으로 커버하는 쪽이
훨씬 가늘어 보인다.

팔꿈치와 벨트 라인을 맞추면 없던 허리가 생긴다

벨트는 분명 스타일을 마무리 짓는 마침표와도 같다. 옷차림을 더욱 단정하게 만들어 주고 몸매의 굴곡을 강조하며 심심하고 단조로운 패션에 포인트를 주는 패션 액세서리이다. 이렇게 스타일의 포인트가 되는 벨트는 당연히 허리선이 잘록한 체형에 잘 어울린다.

하지만 잘록한 허리선을 갖지 않았더라도 위치를 잘 선정하면 날씬하게 보이는 데 도움을 준다. 우선은 전신의 1/2보다 위쪽에 매는 것이 기본이다. 그보다 실패할 확률이 더욱 낮은 것이 팔꿈치 라인에 맞추는 방법이다. 팔꿈치는 폭이 넓고 팔 중에서 포인트가 된다. 그 눈에 띄는 곳과 벨트를 가로로 일직선으로 맞추면 겉보기에 포인트끼리 깔끔하게 정리되어서 허리 위치도 높게 느껴진다. 우선은 벨트 하나를 옷차림에 더해서 비교해 보자. 옷차림에 따라서 여러 가지 소재와 다양한 디자인의 벨트를 몇 개 갖춰 놓으면 스타일과 날씬함 모두를 갖출 수 있다.

그리고 벨트는 너무 꽉 조이게 매지 않는다. 가급적 입고 있는 옷과 같은 색의 벨트를 매면 허리의 가로 라인이 강조되지 않는다. 특히 허리가 긴 여성은 허리를 짧아 보이게 하기 위해서 하의 색과 같은 벨트를 매는 것이 좋고, 허리가 짧은 여성이 허리를 길어 보이게 하려면 벨트 색깔을 상의에 맞추면 된다. 또 벨트 고리가 있으면시도 벨드를 매지 않으면 스타일의 완성도가 떨어져 버린다. 벨트를 착용하지 않을 거라면 차라리 벨트 고리도 없애 버리는 것이 낫다. 벨트 버클은 금색보다 은색이 훨씬 캐주얼하게 보이고, 가늘수록 더욱 정장에 가까운 모습으로 보인다는 것을 항상 기억하라.

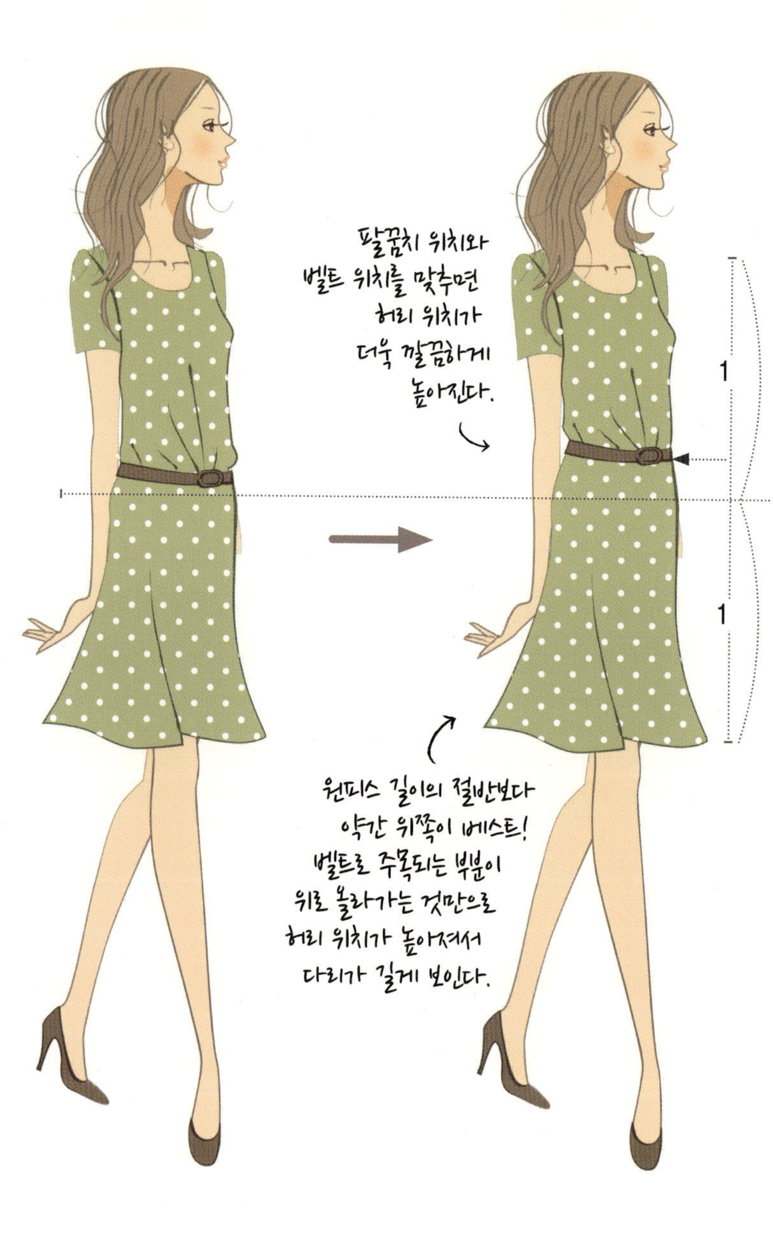

팔꿈치 위치와
벨트 위치를 맞추면
허리 위치가
더욱 깔끔하게
높아진다.

원피스 길이의 절반보다
약간 위쪽이 베스트!
벨트로 주목되는 부분이
위로 올라가는 것만으로
허리 위치가 높아져서
다리가 길게 보인다.

1

1

코트의 벨트도 팔꿈치
위치와 맞춰서
허리를 높게
연출한다.

언제나 내 키의
약 1/2보다 위에
벨트를 맨다고
의식하면 허리가
길어 보이지 않는다.

무너진 허리선을
카디건으로 잘록하게 복원하자

카디건은 아침저녁으로 기온차가 큰 간절기에 쉽게 입고 벗을 수 있는 필수 아이템이다. 뿐만 아니라 여름철 냉방과 겨울철 난방으로 실내와 실외의 온도차가 많이 날 때 체온 조절을 해줄 수 있는 전천후 아이템이다. 이렇게 활용도가 높은 카디건이라도 마흔부터 입었을 때는 적당한 연륜이 묻어나고 부드럽고 우아한 인상을 줄 수 있어야 한다.

니트나 저지로 만들어져 편안하고 내추럴한 이미지를 주는 카디건이라고 단정하게 입어야만 하는 것은 아니다. 단추나 소매 위치에 변화를 주거나 어깨나 가방에 걸치는 등 다양한 연출을 할 수 있는 아이템이다. 이런 카디건으로 보다 날씬해 보이려면 허리 라인이 드러나도록 연출해 보자. 허리 위치에 있는 단추를 약간 끼게 조여서 몇 cm 안쪽으로 들어가게 단추 위치를 바꿔 달거나 하면 잘록한 효과를 낼 수 있다. 또는 벨트로 허리를 조이고 허리 라인을 살짝 덮으면, 가로선이 짧아져서 날씬하게 보인다.

색이 어두운 V넥 카디건을 단추 하나만 잠가 앞자락으로 긴 X라인을 만들어도 날씬한 스타일이 나온다. 엉덩이를 덮는 긴 길이로 만들어진 X자가 더욱 날씬해 보이고 하나를 채운 단추의 위치가 배꼽보다 위에 오면 다리가 길어 보이는 효과까지도 가져다준다. 이런 식으로 카디건으로 잘록한 허리를 연출해 본다면 옷장 안에 묵혀 누웠던 카디건도 새롭게 입을 수 있을 것이다. 오래된 카디건의 바둑판 무늬나 꽈배기 짜임 등이 너무 과하면 할머니 카디건으로 보여서 촌스럽고, 보풀이 눈에 띄면 빈티지가 아니라 빈티로 보일 수 있다는 것을 명심해야 한다.

일명 보이프렌드 카디건이라
불리는 박시한 카디건은
캐주얼하게 입고 싶거나
너무 멋부린 것 같은
느낌을 주고 싶지 않을 때
재킷 대용으로
활용한다.

니트 톱과 카디건으로
구성된 앙상블 카디건은
편안하고 단정한
이미지를 준다.
이런 앙상블을 입을 때도
단추를 다 채우지 말고
벨트를 1/3 정도 보이도록
윗단추 2개 정도만
채우고 입는다.

긴 카디건으로 단추 하나만
채워서 X라인을 만들면
허리가 강조되어 날씬한
스타일이 나온다.

리본을 묶어서 입는
카디건은 리본을
배꼽 위로 묶어서
잘록함을 만들면
다리가 길어
보이는 효과가
있다.

벨트의 양옆을 카디건으로 가려서
벨트를 조금만 보이게 하면
몸통의 좌우가
축소되어 보인다.

어깨 폭만 맞으면
약간 끼는 듯해도 일단 입는다

가장 바깥에 걸치는 아우터는 날씬함에 큰 열쇠를 쥐고 있는 아이템이다. 아우터로 어떤 것을 입었느냐에 따라 스타일의 인상은 크게 바뀐다. 코트나 재킷 등의 상의를 구입할 때, 그 안에 겹쳐 입는 옷도 고려해서 약간 넉넉한 사이즈를 고르고 있지 않는가? 앞으로는 '꽉 낀다'고 느낄 정도의 사이즈를 골라도 괜찮다. 그것이 슬림 실루엣의 비법이다. 가장 중요하게 체크할 것은 어깨 폭이다. 소매나 깃, 허리 등은 스타일링으로 조정할 수 있고 수선도 가능하지만, 어깨 폭만은 조정이나 수선이 가능하지 않다. 따라서 자신의 어깨에 딱 맞는 한 장을 만날 때까지 꼼꼼하게 입어 보자.

재킷이나 코트의 칼라와 라펠은 전반적인 스타일을 크게 좌우하는데 이는 폭과 길이가 유행의 흐름에 따라 변화하기 때문이다. 기다란 V자를 형성하는 깊게 파인 것을 입으면 얼굴이 작고 길어 보인다. 반대로 짧은 V자를 형성하는 것은 시선이 얼굴로 집중되기 때문에 머리가 크거나 얼굴이 둥근 편인 사람에게는 얼굴을 더욱 크게 보이게 하므로 피하는 것이 좋다. 또 폭이 좁은 라펠은 세련되고 젊어 보이게 하고, 폭이 넓은 라펠은 무게감을 더해서 전통적이고 권위적으로 보이게 한다. 이처럼 라펠의 형태와 폭은 약간의 변화만 주어도 아우터를 입는 사람의 이미지까지 크게 바뀔 수 있기 때문에 중요한 요소이다.

어깨가 살짝 안쪽으로 들어갈 정도의 사이즈를 입으면 어깨가 둥글게 보여서 여성스러운 라인으로 보인다.

특히 키가 작은 여성에게 잘 어울리는 쇼트 재킷은 콤팩트해서 슬림하게 마무리된다. 살짝 팔을 걷어 올리는 것으로 재킷의 면적이 적어져서 더욱 날씬하게 보인다.

턱이 살짝 가려질 정도의 높고 큰 깃의 스탠드 칼라 코트는 깃을 열거나 세우거나 해서 얼굴이 작아 보이게 연출할 수 있다. 주머니의 위치가 너무 아래에 있으면 시선이 내려가서 키가 작아 보인다.

허리의 위치를 높여 다리가 길어 보이는 것을 선택, 안에 스웨터 한 장만 입어도 꽉 낄 정도의 타이트한 것이 날씬함을 보장한다.

트렌치 스타일링의 핵심은 벨트다. 허리 라인보다 위쪽에서 묶어서 살짝 꺼내면 하반신이 슬림하게 보인다.

길이가 짧은 재킷을 소매를 걸지 않고 입으면 재킷의 밑단과 소맷단의 차이에서 입체감이 생겨서 세련되게 보인다.

원피스는 정직하게 입지 말고 허리 위치를 속인다

원피스가 한 장 있으면 스타일링이 쉽게 완성될 뿐만이 아니라 옷 갈 아입는 시간도 단축된다. 따라서 몸에 잘 맞는 원피스 한 장을 갖춰 두면 언제 어떤 돌발 상황에서도 완성도 높은 스타일을 연출할 수 있 다. 게다가 허리에 살이 많아 고민인 여성은 박스 실루엣 원피스를, 굵은 허벅지가 고민인 여성은 A라인 원피스처럼 체형을 보완하기 에도 그만이다. 그러니까 지금 유행하는 원피스가 아니라 자신의 몸 의 비율에 딱 맞는 형태와 소재를 중시해서 선택하자. 원피스 한 장 을 입고도 멋스러운 여성은 얼핏 보면 수수한 색상의 심플한 디자인 이지만, 미묘한 치수에 매우 신경을 쓰고 있는 것을 알 수 있다. 일단 심플한 디자인이라도 허리 위치가 높은 실루엣을 고르면 절대로 실 패하지 않는다. 입었을 때 배꼽 위 정도에 허리 위치가 오면 된다. 나 머지 체크할 것은 목, 팔, 다리가 조금이라도 가늘고 길게 보이면 바 로 그것이 당신을 위한 한 장의 원피스이다.

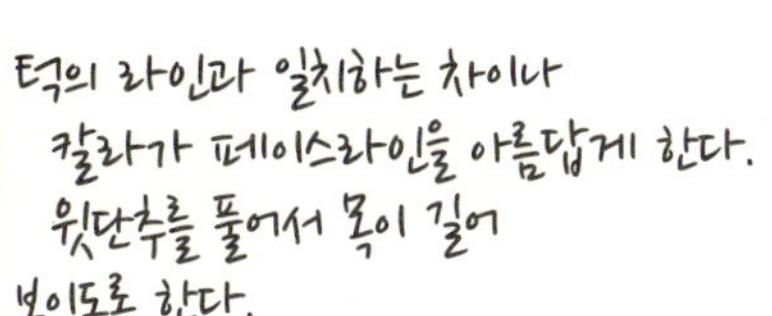

턱의 라인과 일치하는 차이나
칼라가 페이스라인을 아름답게 한다.
윗단추를 풀어서 목이 길어
보이도록 한다.

실크가 갖는 무게와
매끄러움의 힘이 더해져서
자연스럽게 흘러내려와
소매에서 겹쳐지기
때문에 팔이 얇고
길게 보인다.

가느다란 주름이 세로로
긴 라인을 만들어서
날씬해 보이게 한다.

치맛단의 물결이 허벅지를
가늘게 만든다. 뒷모습도 깔끔하게
떨어진다. 위의 주름이 포인트로
시선을 위쪽으로 향하게 한다.
예쁜의 옆 라인이 없고 허리 위치를
나타내지 않기 때문에 그대로
아래로 뚝 떨어져 흘러
날씬한 느낌으로 연결된다.

코튼 소재의 빳빳함을 살려서
몸에 딱 붙지는 않아도 라인이
살아 있다. 가슴은 딱 맞고 소매는
가슴보다 위에 오는 프렌치 슬리브 원피스는
가슴이 포인트가 되어서
날씬하게 느껴진다.

날씬하게 보이는 스타일에는
허리 위치가 중요하다.
허리 위치를 조정 가능한
타입의 원피스는 항상
허리 위치보다
약간 위쪽에 오도록 한다.
옆에서 봤을 때도
날씬해 보이는
디자인이다.

장식이나 무늬가 과하지 않은 프린트 원피스는 언제 어디서나 우아함을 잃지 않는다. 프린트 무늬의 색 중 하나를 가지고 와서 단색의 카디건이나 재킷을 매치하면 세련되어 보인다.

마오 칼라는 여름철에 훨씬 시원하다. 단추를 열어서 V존을 만들면 여성스러운 날씬함을 가져다준다.

셔츠형 원피스는 셔츠의 정돈되고 갖춰 입은 느낌이 신뢰감을 가져다준다. 상체 쪽에만 단추가 있는 원피스가 훨씬 드레시하게 보인다.

이제는 주렁주렁 달지 말고 제대로 된 하나를 갖는다

멋진 스타일의 여성을 떠올리면서 그녀에게 있는 액세서리를 하나씩 지워 보자. 액세서리가 없어도 스타일리시하다고 말할 수 있겠는가? 그렇다. 젊은 시절 액세서리를 거추장스럽다고 여긴 사람이라도 마흔부터의 스타일을 찾는 거라면 자신을 표현할 수 있는 액세서리를 반드시 착용해야 한다. 특히 날씬하게 보이는 액세서리 연출을 목표로 한다면 디자인은 비교적 심플하지만 시각적으로 슬림하게 보이는 기법을 활용해야 한다.

기억해 둘 액세서리 연출 기법은 크게 3가지이다. 첫째, 액세서리의 세로와 가로 라인을 이용하여 몸의 폭이나 높이를 변화시킨다. 둘째, 빛의 농담을 활용해서 평면적인 인상을 입체적으로 만들어서 날씬하게 만든다. 셋째, 커다란 것이면 포인트로 이용하고 신경이 쓰이는 부분에서 시선을 돌리는 테크닉으로도 사용할 수 있다. 이 3가지 규칙만 지켜도 이제부터 액세서리는 단지 '장신구'가 아니라 전체 스타일을 좌우하는 중요한 아이템으로 돋보이게 될 것이다.

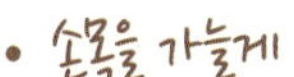

- 손목을 가늘게

가는 팔찌보다 두꺼운 뱅글을 차면
가는 손목이 더욱 강조된다.

- 반지로 손가락을 길게

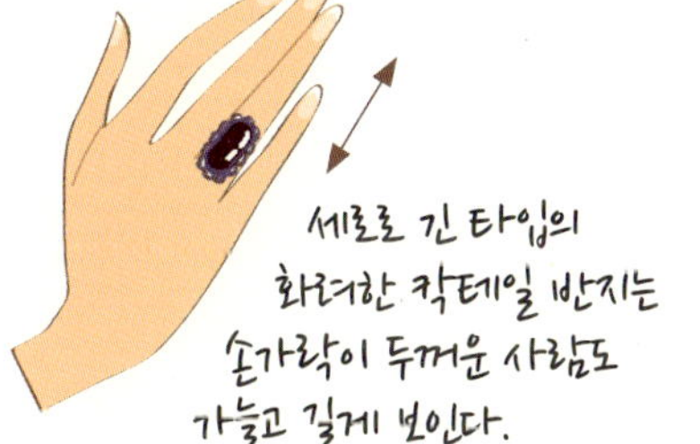

세로로 긴 타입의
화려한 칵테일 반지는
손가락이 두꺼운 사람도
가늘고 길게 보인다.

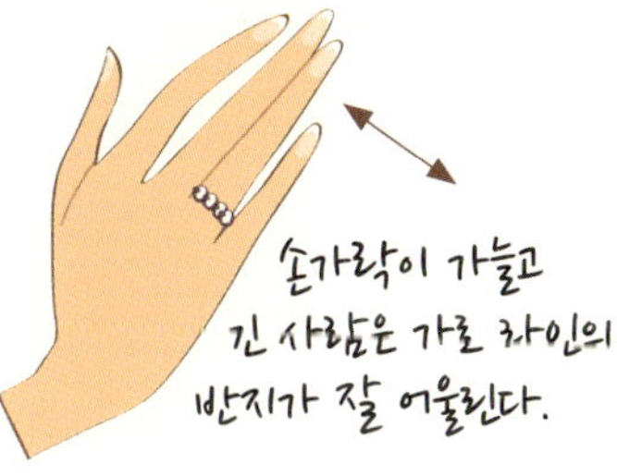

손가락이 가늘고
긴 사람은 가로 라인의
반지가 잘 어울린다.

- 네크라인과 목걸이 라인을 맞추면

날씬하게 보일 뿐 아니라 훨씬 세련되게 보여서 전신의 스타일 향상까지
가져다준다.

아래로 내려간 팔찌로
손목 포인트가 내려가면
허리가 높은 위치로 느껴지기
때문에 다리가 길어 보이는 효과가
있다. 팔찌가 왼쪽이면
스카프는 오른쪽으로
보내서 좌우 밸런스도
맞춘다.

크고 대담한 펜던트형
목걸이는 가슴의 위치를
올려 주는 효과가 있다.
따라서 가슴이 큰 여성은
가슴 골 위쪽에서 끝나는
길이를 고르는 것이 좋고,
똥배가 튀어나왔다면
길게 달랑거리는 펜던트
목걸이는 피하는 것이 좋다.

커다란 귀걸이를 얼굴 옆에 갖고 오면
그것과 대비되어서 얼굴이 실제보다
작아 보인다. 대칭으로 놓인
귀걸이는 얼굴의 폭을 좁아 보이게 해서
갸름한 얼굴로 보이게 한다.

세로로 긴 목걸이로
목이 길어 보이는
효과를 가져온다.
깃 주위의 라인과
목걸이를 맞추면 촌스럽지 않고
세련되게 보인다.

브로치는 어깨의 높은 부분이나
V라인에 최대한 가까이 달면
시선이 얼굴로 가게 하고
산만하지 않게 화려함을 주는
최상의 액세서리이다.

구두 색을 다리 색과
같은 색으로 맞춘다

구두는 여성들에게 있어서 정말 중요한 부분이다. 여성들의 경우 어떤 구두를 고르느냐에 따라 전체적인 패션을 완전히 망가뜨리기도 하고 완벽하게 완성할 수도 있다. 구두를 오래 싫증 내지 않고 신으려면 무늬나 장식이 요란하지 않은 단색의 심플하고 세련된 디자인을 고르는 것이 좋고, 일단 신어 보아서 발이 편안한지를 우선적으로 확인해야 한다.

왜냐하면 발이 편안한 좋은 구두를 신어야 걸음걸이, 체형이 모두 좋아지고 건강도 불필요한 위협을 받지 않기 때문이다. 특히 굽이 틀어진 구두는 발을 상하게 하고, 나아가 전체적인 몸의 균형도 깨트리고 만다. 또한 날씬한 연출을 위해서는 무릎 아래를 길고 곧은 다리로 보여 주는 구두를 고르도록 하자. 1cm라도 길고 날씬하게 보이는 한 켤레를 찾을 때까지 신고 또 신어 봐야 한다. 가장 좋은 구두는 비싼 구두가 아니라 자신에게 잘 맞고 잘 어울리는 구두라는 것을 잊어서는 안된다.

플랫 슈즈는 피부색과 비슷한
톤(핑크 , 코럴 , 옐로우 ,
골드 , 베이지)을
신으면 다리와 연장된 느낌을
주기 때문에 다리가 훨씬
길어 보인다. 앞코가
짧은 것으로 발등을
가능한 길게
보이도록 한다.

통굽으로 되어 있는
웨지힐은 여성스러운
스커트나 원피스와 매치하면
귀여우면서도 단정한
옷차림으로 마무리해
주는 구두이다. 웨지힐도 피부와
잘 어울러질 수 있는
베이지 계열이
날씬한 효과가 있다.

종아리가 두꺼운 여성은
0.5cm 정도의 여유가 있어서
다리를 너무 조이지 않는
일자형 통부츠나 앞코가 길고
윗부분이 곡선으로 되어 있어서
다리를 슬림하게 보여 주는
웨스턴 부츠로 다리 라인을
정돈할 수 있다.

허벅지가 두꺼운 여성에게는
앵클부츠가 필요하다.
앵클부츠는 시선을 무릎, 종아리,
발목 세 군데로 분산시키기 때문에
두꺼운 허벅지를 커버해 준다.
또 끈으로 묶는 레이스 업 스타일의
부츠도 허벅지를 가늘어
보이게 한다.

통이 좁고 긴 부츠가 가죽의 광택이
느껴져서 더욱 길게 보인다.
다리 사이에 들뜨는 부분이 없으면
훨씬 날씬하게 보인다.

가느다란 굽을 가진 구두를 가리키는
스틸레토(Stiletto)힐은 여성의
다리를 더욱 아름답게 만들어 주고
키를 커 보이게 하고 자신감과
당당함까지 더해 준다.

다리가 짧은 사람은 피부와 같은
색이고 발등을 사선으로 가로지르는
스트랩이 있는 구두를 신는다. 스트랩은 발등
부분을 그대로 노출시켜 다리를
길어 보이게 만든다.

무거운 핸드백이라도
보기에는 가볍게 보여야 한다

모처럼 옷이나 액세서리로 날씬해 보이는 스타일을 완성했는데 외출할 때 아무 생각 없이 들고 나간 핸드백 하나 때문에 우습게 보일 수 있는 법이다. 체형이 작은 여성이 무조건 크기와 디자인이 마음에 든다고 여행가방에 준하는 대형 사이즈의 가방을 든 모습은 가방을 어깨에 지고 질질 끌려다닌다는 인상을 지우기 어렵다. 따라서 핸드백을 구입할 때는 반드시 거울에 비쳐진 자신의 모습을 보고 조화를 이루는지 확인하는 것이 중요하다. 핸드백을 포함하고 있는 모습이 전체적인 스타일을 결정해 버리기 때문이다.

또한 핸드백의 모양이나 사이즈, 소재도 중요하지만 날씬하게 보이는 스타일에서는 무엇보다 드는 방식이 더욱 중요하다. 핸드백의 중앙을 약간 들어가게 해서 몸에 밀착시킨다. 어깨, 혹은 팔에 걸고 보디라인 안에 쏙 집어넣는다는 느낌으로 드는 것이 요령이다. 전체 실루엣에서 울룩불룩한 느낌을 가능한 없애는 것이다. 그렇게 하면 핸드백도 보디라인의 일부로 보여서 매우 날씬하게 보인다.

핸드백도 가볍게 보이도록 신경을 써야 한다. 볼록한 핸드백은 시각적으로 뚱뚱하게 보이게 한다.
핸드백의 밑단이 허리 위치에 놓이면 가볍게 보인다.
가능한 보디라인을 뚱뚱하게 만들지 않는 것이 날씬하게 보이는 비법이다.

핸드백은 항상 신체 사이즈에
비례하는 것으로 골라야 한다.
체형이 큰 여성이
큼지막한 핸드백을 들 때에도
상반신을 타이트하게
연출해야 슬림한
실루엣으로 완성된다.
빅백이라 불리는
대형 사이즈보다 A4 서류,
책, 소지품 등을 담을 수 있는
정도의 사이즈가 상반신에
딱 들어가서 여러모로
실용적이다. 허리 아래의
실루엣을 무너뜨리는 일이
없기 때문에
스타일리시하다.

옷의 라인과 핸드백 아래 라인을
맞추는 것으로 날씬하고
정돈된 이미지가 나온다.
스커트 라인
코트 라인
숄더백은 걸어다닐 때
몸과 따로 놀지 않게,
자연스럽게 몸의
일부분인 듯이 움직여져야
날씬하게 보인다.

작은 얼굴을 연출하면
전신이 날씬하게 보인다

서양인에 비해 우리는 훨씬 큰 얼굴을 가지고 있기 때문에 유독 작은 얼굴에 집착을 하는지도 모르겠다. 작은 얼굴 연출법이라고 하면 일단 메이크업으로 변신하는 방법을 떠올리는데 얼굴 주위의 스카프나 선글라스 같은 소품 사용 등으로도 얼마든지 얼굴이 작아 보이는 연출을 할 수 있다. 뿐만 아니라 헤어 컬러나 헤어스타일로 보다 작은 얼굴로 보이도록 할 수도 있다.

얼굴이 큰 사람들이 대부분 하는 실수는 머리카락으로 얼굴을 가리는 것인데 이는 머리카락까지 부피를 차지하여 전체적으로 머리가 더 커 보이므로 주의한다. 오히려 얼굴이 작아 보이게 하려면 뒤로 깔끔하게 묶거나 부풀리지 않는 커트 머리가 좋다. 어깨가 넓은 옷을 입으면 상대적으로 얼굴도 작아 보이고 허리도 가늘어 보인다. 따라서 이러한 착시 효과를 이용해서 뻣뻣한 소재의 셔츠나 재킷으로 어깨를 강조하는 것도 좋은 방법이다. 단, 키가 작은 경우 더 작아 보일 수 있으므로 주의한다. 이와 같이 얼굴을 작아 보이게 하는 다양한 연출법을 익혀 두면 훨씬 스마트한 인상을 주게 되어 더욱 날씬하게 보인다.

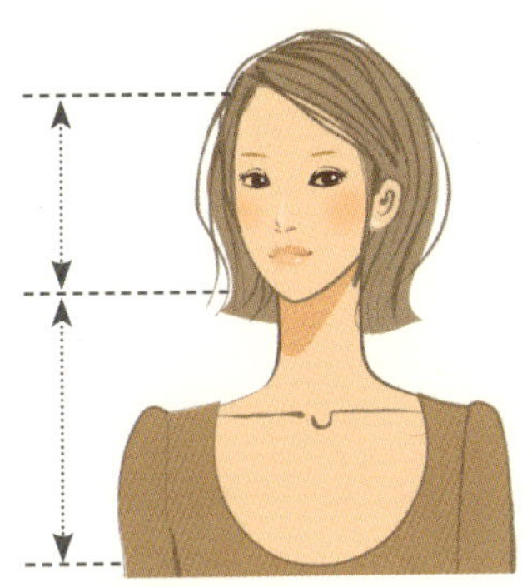

얼굴 길이보다 더 깊게 목둘레를
열면 목이 길어 보이고 얼굴이
작아 보인다.

커다란 칼라나 라펠, 큰 단추는
원근감이 생기기 때문에 작은
얼굴로 보이기 쉽다.

얼굴의 가로 폭보다 목도리를 크게
두르는 방법으로도 작은 얼굴 효과를
낼 수 있다.

코트를 입을 때는 턱을 코트 안으로
살짝만 숨겨도 얼굴이 작아
보이고 여성스럽게 보인다.

목도리 매는 법으로 작은 얼굴 연출

사는 것보다 매는 것이 더 중요한 스카프나 머플러.
이렇게 스타일의 포인트가 되는 것은 연출법을
잘 연구해 두면 스타일이 달라진다.

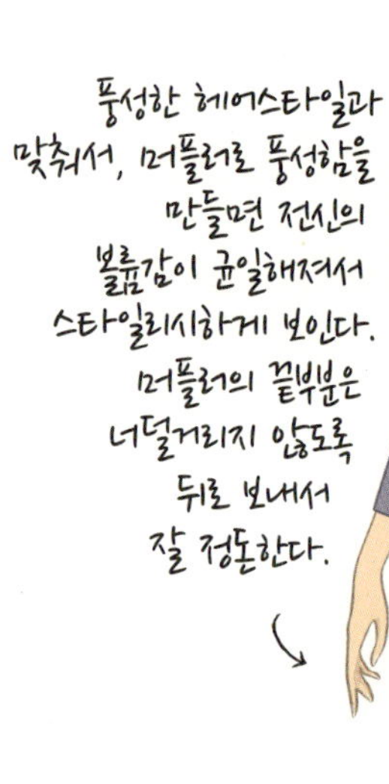

풍성한 헤어스타일과
맞춰서, 머플러로 풍성함을
만들면 전신의
볼륨감이 균일해져서
스타일리시하게 보인다.
머플러의 끝부분은
너덜거리지 않도록
뒤로 보내서
잘 정돈한다.

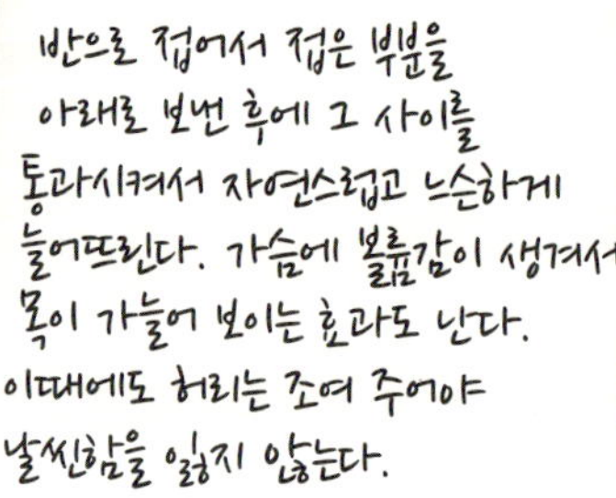

반으로 접어서 접은 부분을
아래로 보낸 후에 그 사이를
통과시켜서 자연스럽고 느슨하게
늘어뜨린다. 가슴에 볼륨감이 생겨서
목이 가늘어 보이는 효과도 난다.
이때에도 허리는 조여 주어야
날씬함을 잃지 않는다.

가늘고 긴 타입의 머플러는
한 번 감아서 늘어뜨리면
세로 라인이 나와서
가늘고 긴 몸으로 보이게 된다.

늘 앞으로만 묶지 말고 뒤로
자연스럽게 늘어뜨리면 신경이
쓰이는 엉덩이도 가려진다.

큰 사이즈의 머플러를 숄 두르듯이 앞으로
걸치면 상반신에 부피감이 생겨나니
이때 하반신은 타이트하게, 발 주위도
슬림하게 해주면 세련되어 보인다.

선글라스는 얼굴형을 고려해서 결정한다

얼굴이 작아 보이게 하는 데 큰 역할을 하는 선글라스로 아줌마 티를 벗어 보자.

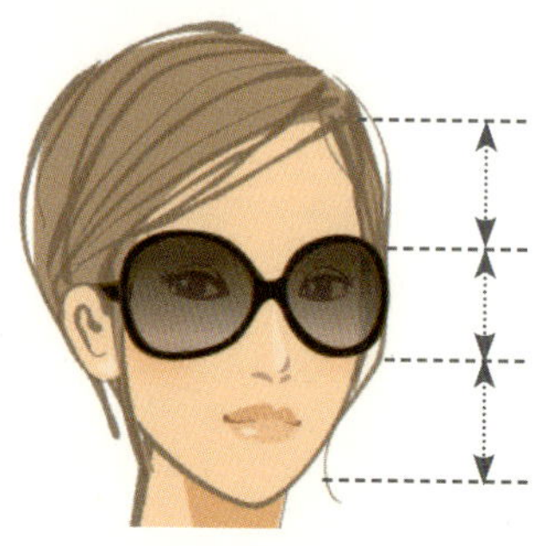

쿨한 매력의 보잉 선글라스는 얼굴의 중앙을 차지하는 비율에 놓였을 때 얼굴이 작아 보이면서 잘 어울린다.

눈과 코의 거리로 타입을 결정한다

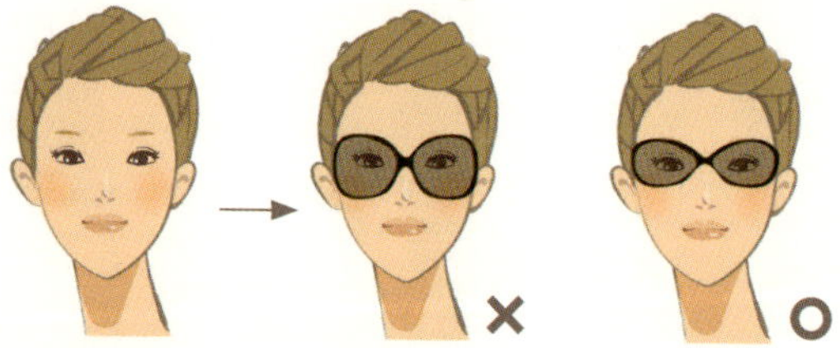

눈과 코의 거리가 짧은 사람은 렌즈가 작은 선글라스를 끼는 것이 잘 어울린다.
렌즈가 큰 선글라스를 끼면 얼굴의 중심이 아래로 내려가서 안정감이 없다.

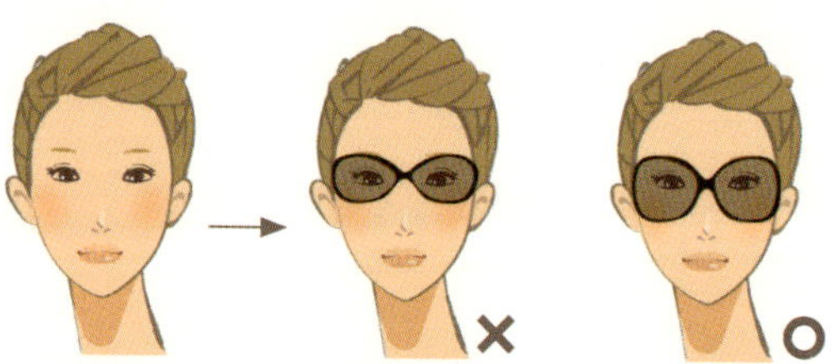

눈과 코의 거리가 긴 사람은 렌즈가 큰 선글라스를 끼면 된다.
렌즈가 작은 선글라스를 끼면 얼굴이 커 보인다.

선글라스를 헤어밴드 대신으로
사용하면 안정감을 가져와서
헤어가 무거워지지 않게
정돈된다.

심플한 디자인의 선글라스를
가슴 골 위치에 걸치면
목이 길어 보인다.

보석이 박힌 것,
금테나 무늬가 있는 것
등의 화려한 디자인은
누가 쓰더라도 나이 들어 보이는
디자인일 뿐만이 아니라, 패션 소품으로
다양하게 활용하기 어렵다.

슬림한 스타일은
슬림한 옷장에서 나온다

앞에서 살펴본 것처럼 날씬해 보이는 스타일에 중심을 두고 연출하기 시작하면 자신을 둘러싼 시선의 변화를 깨닫게 된다. 그동안 날마다 옷을 이것저것으로 번갈아 입을 때는 '그 블라우스 예쁘다', '그 스카프 어디서 샀어?' 식으로 아이템에 대해서 칭찬받는 경우가 대부분이었지만, 날씬하게 보이는 스타일에 집중하면 주위의 시선이 날씬한 전신에 주목되기 때문에 아이템만 칭찬받는 일은 거의 사라지고 스타일이 주목받게 된다.

다시 한 번 말하지만 날씬해 보이는 스타일은 자신의 체형을 받아들이는 것에서 시작된다. 자신의 체형을 받아들이고 나면 자신의 옷장에서 입을 수 있는 옷과 입을 수 없는 옷을 골라낼 수 있을 것이다. 이런 과정을 통해 옷장이 깔끔해지면 옷장을 열었을 때 갖고 있는 아이템을 한눈에 다 볼 수 있고, 선택할 수 있는 아이템의 개수가 적어져서 스타일링의 계산이 훨씬 쉬워진다. 스타일은 터질 것 같은 옷장에서 나오는 것이 아니다. 언제라도 편안하게 입을 수 있는 옷 몇 벌에서 나온다. 결국 날씬하게 보이는 스타일을 연구할수록 날씬한 옷장부터 갖춰야 한다는 것을 깨닫게 된다.

화이트 코튼 블라우스 : 디너나 미팅 등 사람 눈을 의식하는 자리에서.
캐시미어 터틀넥 : 화려한 장소 이외에는 이 한 장으로 거의 커버할 수 있다.
크루넥 캐시미어 그레이 니트 : 캐주얼에서 비즈니스 캐주얼까지.
그레이 후드파카 : 보이시하게 완성하고 싶을 때.
그레이 플라노 팬츠 세미 와이드 : 업무와 디너, 양쪽 다 할 수 있는 스타일링의 토대.
캐멀 실크 스커트 코쿤형 : 약간 기분을 바꾸고 싶을 때.
카키 카고 슬림 팬츠 : 평소도 업무도 커버하는, 사용빈도 넘버원의 하의.
데님 : 평소에 자주 입는 하의.
가죽 라이더 재킷 : 캐주얼에서 일까지.
빈티지 원피스 : 리셉션이나 디너 등 화려한 자리에 갈때.
캐시미어 원피스 : 특별히 격식을 차려야하는 자리 이외에 모든 장면에 비교적 잘 어울린다.
그레이 울 소재 다운 베스트 : 매트한 울이니까 캐주얼부터 일까지 응용할 수 있다.
트렌치코트 : 언제 어떤 장소에도 대응할 수 있다.

봄의 날씬함은
소재 선택에 달려 있다

아침 저녁으로는 쌀쌀하고 낮에는 포근한 날씨가 많은 봄날은 특히 카디건의 활약이 높은 계절이다. 가을 겨울을 지켜주었던 따뜻한 소재의 카디건이 아니라 얇아진 옷들과 잘 어울리는 면 카디건은 코트나 재킷보다 간편해서 훨씬 활용도가 높다. 경쾌한 얇은 옷을 입게 되면 진정한 봄이 왔음을 알 수 있는데 이때 제일 신경을 써야 하는 것은 다름 아닌 소재이다. 소재는 의복의 기초 재료로서 소재의 종류나 직조방식, 촉감 등에 따라 같은 디자인의 옷이라도 소재에 따라 아주 다른 느낌이나 이미지를 전달하기 때문이다.

일러스트 왼쪽은 면 블라우스에 폴리에스테르 스커트를 표현한 것이다. 이런 소재로 입었을 때는 본래의 보디라인은 나오지 않는다. 오른쪽은 폴리에스테르 블라우스에 코튼 저지 소재의 스커트. 여유 있는 디자인의 상의이지만 치마의 힘 있는 소재 덕분에 부풀어 보이지 않는다. 이처럼 하반신이 두꺼워도 하의는 몸의 라인을 내놓으면 상하 강약이 생겨서 날씬하게 보이는 것이다. 이제부터는 소재를 보는 눈을 키우자. 훨씬 날씬한 스타일을 가까이에 둘 수 있다.

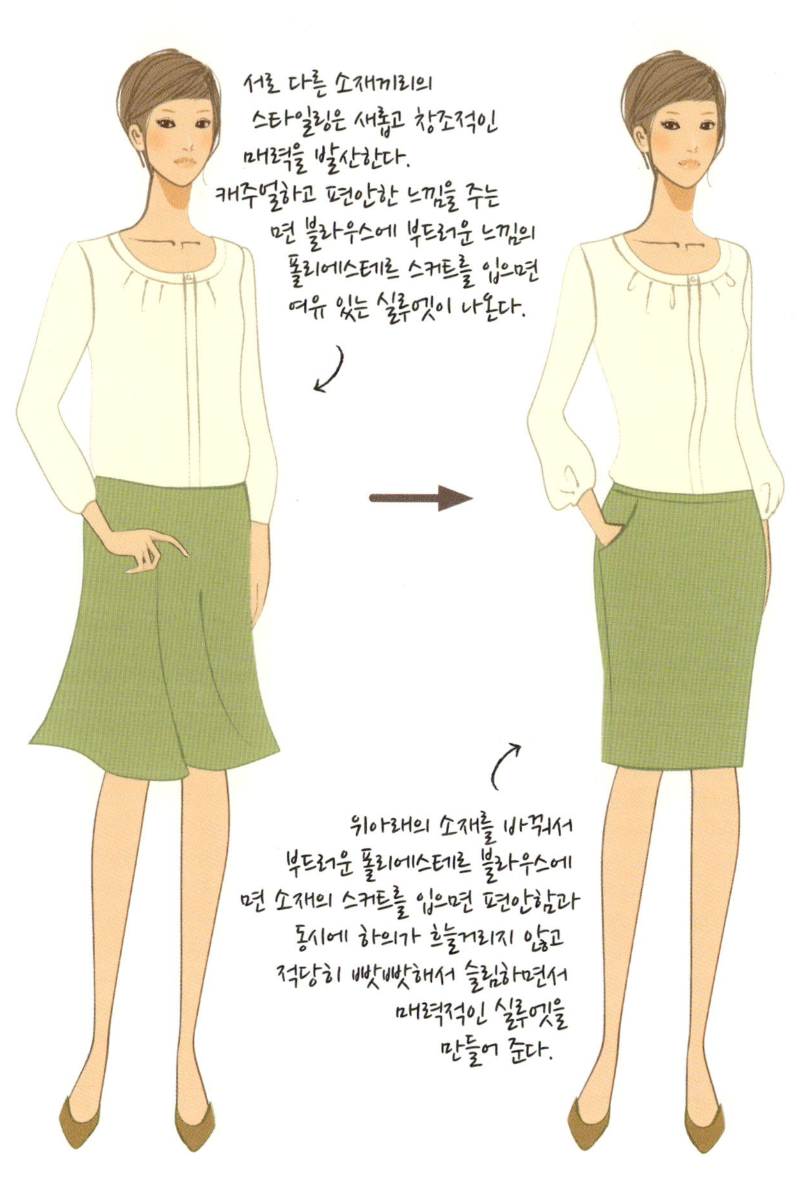

서로 다른 소재끼리의 스타일링은 새롭고 창조적인 매력을 발산한다.
캐주얼하고 편안한 느낌을 주는 면 블라우스에 부드러운 느낌의 폴리에스테르 스커트를 입으면 여유 있는 실루엣이 나온다.

위아래의 소재를 바꿔서 부드러운 폴리에스테르 블라우스에 면 소재의 스커트를 입으면 편안함과 동시에 하의가 흐늘거리지 않고 적당히 빳빳해서 슬림하면서 매력적인 실루엣을 만들어 준다.

여름에는 가볍고 시원해 보이는 게 최고의 스타일이다

근래의 여름은 더워도 너무 덥다. 그렇다 보니 에어컨을 틀어 놓는 실내 공기와 바깥 공기 사이의 온도차가 극심해져서 옷 입기는 점점 더 어려워지고 있는 게 현실이다. 이런 온도차를 메꿔 주는 방법이 분명 '레이어드'이기는 하다. 하지만 무더운 여름날의 레이어드 룩은 보는 사람까지 덥고 괴로워 보일 수 있기 때문에 권장할 만한 스타일은 아니다. 뿐만 아니라 '더워서 괴로워 보인다'고 하는 인상은 날씬하게 보이는 데는 커다란 장애가 된다. 가능한 몸에 걸치는 개수를 적게 하는 게 쿨한 여름 스타일의 지존이다.

자신의 몸을 둘러보고 벗을 수 있는 최대의 길이가 어디인지 체크하자. 맨살을 드러낼 수 있는 아슬아슬할 때까지 오는 길이를 선택한다. 앞에 단추가 있는 상의는 상황에 맞춰서 쇄골의 열린 정도도 조정할 수 있기 때문에 편리하다. 또 팬츠나 스커트는 한 장만 입어도 되는 길이를 선택한다. 더워 죽겠는데 유행을 쫓는다고 레깅스에 핫팬츠를 입는 것은 흉물스럽기까지 하다. 더위를 피하면서 스타일도 좋아 보이고, 남들이 보기에도 불편하지 않아야 하는 것이 마흔부터 추구해야 하는 여름철 스타일이다.

한여름에 겹쳐 입기 스타일을
연출하고 싶다면 눈속임,
착각을 일으킨다는 뜻의
트롱프뢰유(trompe-l'oeil)를
입는다. 티셔츠에 조끼를
겹쳐 입기에는 더운
여름에는 조끼가
붙어 있는 티셔츠를
입으면 스타일과
더위를 잡을 수 있다.

여름에는 무엇보다도
가볍고 시원한 게 최고다.
가벼운 소재를 선택해야 답답하지
않고 하루 종일 무난하게 착용할 수
있다. 답답하고 무거워 보일 수 있는
어두운색은 피하고
가볍고 밝은 느낌의 색을
선택한다.

가을은 피부보다 한 톤
어두울 때 슬림핏이 나온다

피부보다 어두운 색은 그것만으로도 시각적으로 면적이 축소되어 보인다. 가을이 깊어지는 즈음에는 이 원리를 많이 이용해서 우선은 다크 톤으로 날씬해 보이는 법을 연출해 보자. 계절적으로 몸에 걸치는 아이템의 수가 늘어나지만 재킷이나 트렌치코트는 물론 하의도 어두운 것을 골라서 입는다. 단, 얼굴 주위에 두르는 것이나 상의는 표정이 어두워지지 않도록 그린, 베이지, 오렌지 브라운 계열로 밝게 연출하면 괜찮다. 그것에 더해서 액세서리 등 어딘가의 작은 면적을 더욱 밝은색으로 화사하게 하면 밸런스는 완벽하다.

또 이렇게 어두워진 톤의 옷들을 보다 스타일리시하게 연출하려면 헤어 컬러가 한 톤 어두워져야 한다. 노출이 많은 여름에는 가볍고 밝은색의 헤어 컬러가 훨씬 잘 어울린다. 하지만 가죽이나 캐시미어 같은 따뜻한 소재가 많아지고 게다가 옷의 기본 컬러도 어두워지는 가을은 진한 브라운 헤어 컬러 쪽이 확실히 어울린다. 따라서 가을철 스타일과 날씬함 2가지를 모두 잡기 위해서라도 가을이 시작되기 전에 가장 먼저 해야 할 일은 헤어 컬러의 변신인 것이다.

톤(tone)이란 색채에
각각 명암과 농담을
나타내는 명도와 순수함과
탁함이라는 색감의
정도를 나타내는 채도를
복합개념으로 보는
색조를 말한다.

봄 여름에는 순색에
흰색을 섞은 브라이트(bright),
라이트(light), 페일(pale) 톤
같은 밝고 부드러운 톤의 옷으로
계절감을 나타낸다.

가을 겨울에는 순색에 검정을 섞은
딥(deep), 다크(dark),
그레이시(grayish) 톤으로
어른스럽고 침착하고
차분한 이미지를 연출한다.

겨울에는 커다란 덩어리로 보이지 않아야 한다

추운 날씬 탓에 체형 커버며 멋내기는 뒷전으로 밀리다 보니 멋지게 차려 입은 사람은 더욱 눈에 띄는 계절이 바로 겨울이다. 껴입기의 진수를 보여 주는 계절이어서 그런지 지나가는 많은 사람들이 온몸이 큼직하고 둥글어 보이는데 원인은 다름 아닌 코트와 파카 등 가장 마지막에 걸치는 겉옷을 넉넉한 사이즈로 입었기 때문이다. 여유 있는 사이즈를 입으면 겉옷을 벗었을 때 아무리 날씬해도 거리에서는 항상 거대하고 뚱뚱하게 보인다. 날씬하게 보이는 실루엣을 위해서 피트감은 매우 중요하다.

입어서 뚱뚱해 보일 확률이 높아지는 겨울에도 이 피트감을 잊지 않는다면 겨울 내내 날씬한 스타일을 지킬 수 있다. 몸에 딱 맞는 겉옷을 입으면 안에 껴입는 옷도 당연히 줄어들게 된다. 그렇게 하면 전체 실루엣이 당연히 날씬해 보인다. 추위를 많이 타기 때문에 도저히 안 된다고 말하지 말자. 우리에겐 기능성 내복과 기모 레깅스가 있지 않았던가? 또 코트를 고를 때에는 타이트하면서 동시에 깃이 큰 것으로 선택하면 어깨 폭이 가냘프게 보여서 여성스러움까지도 끌어낼 수 있다.

부피가 크고 색도 어두운 코트를 입었을 때 온몸이 큼직하고 둥글어 보이기만 해서는 절대로 안 된다. 어그 부츠는 상의를 딱 달라붙게 입고 신지 않으면 눈사람처럼 보인다.

박시한 코트에는 딱 달라붙는 하의를 입어서 슬림하고 도시적으로 보이도록 하고, 허리선을 살린 코트에는 조금 통이 넓은 바지나 치마를 입으면 우아하게 연출된다.

Seasonable Forty

적은 아이템만으로
고민 없이 계절을 맞이한다

자, 여기까지 오면서 마흔부터 추구해야 할 스타일은 결코 특별하지 않다는 점을 알았을 것이다. 심플하고 기본에 충실한 옷들, 이런 옷들이야말로 스타일링에 어려움 없이 일주일에 3번 이상 입을 수 있고, 그럼에도 매번 다른 느낌으로 연출할 수 있다. 다시 말해 마흔부터 추구해야 하는 스타일은 365일 매일 다른 옷을 입는 것이 아니라 갖고 있는 아이템으로 퍼즐을 맞추어 가듯이 궁리해 나가는, 전체적인 스타일링에서 즐거움이 묻어나는 스타일이어야 한다.

하나하나의 아이템이 눈에 띄는 개성이나 주장이 강하지는 않지만 서로 어울렸을 때, 그리고 자신의 몸이 들어 갔을 때 왠지 멋지고 인상적인 그런 스타일링이 목표이다. 그러기 위해서는 옷장을 열었을 때 나란히 걸린 옷끼리 잘 어울릴 수 있는 베이직 아이템이 있어야 하고, 그것들을 잘 연결해 주는 연결 아이템과 지원해 줄 포인트 아이템, 이렇게 3개가 필요하다. 봄, 여름, 가을, 겨울 4계절 모두 똑같다. 그렇게 해서 계절별로 스타일링 아이템을 정해 두면 옷장을 열 때마다 입을 옷이 없다고 하는 스트레스에서도 벗어날 수 있을 것이다.

베이직 아이템(basic item)

베이직이라고 해서 아무거나 소재나 디자인이 심플하기만 하면 된다는 것은 아니다. 자신의 스타일링을 항상 지탱해 주고 체형에도, 라이프 스타일에도 딱 들어 맞는 아이템으로 구성되어야 한다. 그런 구성이면 당연히 활용 빈도도 높을 것이다.

브리지 아이템(bridge item)

베이직한 아이템과 포인트 아이템을 연결하고, 지금의 계절과 다음 계절을 연결하고, 그리고 기본 컬러와 포인트 컬러를 연결하는 아이템을 말한다. 이것을 갖추면 넓고 다양한 스타일링이 가능해진다.

포인트 아이템(point item)

기본형의 심플한 옷을 좋아한다고 해도 그것만으로는 어딘가 심심하고 지루하게 보인다. 계절을 담은 색이나 이유도 없이 좋아하는 것, 그리고 도전해 보고 싶은 브랜드 등 포인트 아이템은 마흔의 여성에게는 절대적으로 필요한 것들이다.

봄 스타일링 플랜

셔츠나 코튼 팬츠, 흰 티셔츠라고 하는 '베이직 아이템'에 올봄 트렌드를 '포인트 아이템'으로 더해서 평소의 스타일을 진화시켜 간다. 그리고 '연결 아이템'으로 베이지와 그레이는 1년 내내 사용하지만, 특히 봄부터는 흰색을 도입해서 밝아진 옷 색들을 상쾌하게 연결시킨다.

하늘색 셔츠에 진한 남색 청바지.
블루 톤온톤 스타일링은 언제나
쿨하고 날씬하게 보인다.
하늘색 셔츠가 돋보이는 깔끔한
캐주얼은 회의부터 학부모
상담까지 자리를 가리지
않고 입을 수 있다.
핸드백이나 구두 같은
소품에 화이트의
상쾌함을
담았다.

주말에 가까운 곳에 산책을
가거나 집 앞을 나갈 때는
카디건 대신 셔츠를 걸쳐서
편안함을 연출한다.
흰 티셔츠에 면바지를 입었는데
대충 입은 것 같아 보이지
않는 것은 슬쩍 걸친 셔츠 덕분이다.
블루 ~ 화이트의 차가운 색
계열의 그러데이션이 전체를
깔끔한 인상으로 끌어내 주는
포인트가 된다.

봄이면 등장하는 핑크색 스커트를
스포티하게 스타일링한다.
살짝 부담스러운 핑크색 스커트
같이 눈에 띄는 아이템을 입고
싶을 때는 나머지 아이템들을
베이직 & 스포티하게
마무리하면 차분한 스타일로
마무리된다. 그레이 카디건은
핑크 x 화이트의 콘트라스트 배색을
연결해 주는 컬러로서 최고이다.

서서히 봄을 맞이할 줄
알아야 마흔이다

봄은 사실 사계절 중에서 멋내기 가장 어려운 계절이다. 달력에서는 봄이라고 해도 아직 추운 날이 계속되는데, 지루했던 겨울 탓인지 날씨와 상관없이 여성들은 옷차림으로 봄을 맞이 하는 경우가 많다. 겨우내 걸치고 있었던 것을 벗어 버리고 밝은색을 걸치거나 얇은 소재로 확 바꾸거나 하는 식으로 입는데, 이제는 일교차가 심한 봄 날씨를 얇은 옷차림으로 맞이할 나이는 지났다. 계절을 앞서가서 옷을 입었을 때 남는 것은 스타일이 아니라 감기뿐이다. 대신 큰 변화 없이도 겨울에서 봄으로 자연스럽게 넘어가는 스타일을 연출하자. 그렇게 하는 쪽이 기분은 물론 외견도 어른스럽게 봄을 맞이한 인상을 남길 수 있다.

따라서 어른스러운 여성은 봄을 컬러풀한 색으로 맞이하는 것이 아니라 기본 컬러의 밝은 톤으로 시작하고, 겹쳐 입기로 멋을 내고, 시즌리스 아이템을 활용하는 식으로 스타일링에 한 걸음씩 천천히 봄다움을 더해 나간다. 그렇게 입어 나가다 보면 기온도 조금씩 올라가면서 제대로 된 봄날을 맞이하게 될 것이다. 마흔부터의 봄은 이렇게 맞이하는 것이 딱 좋다.

레이어드 실력은
봄에 판가름난다

겨울에는 결국 누가 누가 얼마만큼 잘 껴입는지가 스타일링의 포인트가 된다. 이 레이어드 스타일은 겨울뿐만이 아니라 초봄에도 적용하면 스타일에 깊이와 입체감이 나오기 때문에 멋스럽게 연출할 수 있다. 아직은 춥다고 느껴지는 3월 초에 많이 보이는 옷차림은 얇은 이너에 두꺼운 다운 재킷을 입고 끝! 이렇게 심플하고 단조로운 스타일링은 심심하고 썰렁해 보이기 쉽다.

추위도 막으면서 멋지게 보이는 스타일은 상반신의 스타일링 아이템 개수를 늘려서 레이어드 룩을 완성하는 것이다. 예를 들면 가죽 블루종, 캐시미어 쇼트 카디건, 코튼 롱 셔츠, 플란넬 팬츠, 퍼 목도리처럼 비슷한 두께감의 아이템들로 겹쳐 입는 것이다. 허리 정도 길이의 블루종에 그것보다도 훨씬 짧은 카디건, 그리고 카디건과 블루종보다 긴 셔츠가 포인트가 되고, 퍼 목도리가 목 주위를 훨씬 심플하게 정돈해 준다. 이런 스타일은 겹쳐 입기의 아이템이 적으면 절대 나오지 않는다. 뼈 속까지 들어 오는 시린 바람도 막고, 겨우내 무거운 느낌도 덜어내는 새봄맞이 스타일은 바로 이것이다.

마음만큼 옷 색이
밝아지는 것은 위험하다

앞에서도 말했지만 겨울철 내내 입던 브라운이나 검정, 카키 같은 어두운색에서 갑자기 파스텔 컬러로 돌변하는 것은 매우 위험하다. 헤어 컬러나 피부 톤, 그리고 마음도 아직 그렇게 밝고 투명한 봄의 색에 적응되지 않았기 때문이다. 파스텔이 아닌 밝은 베이지나 그레이부터 더해 보자. 전체적인 컬러 톤은 크게 바뀌지 않도록 겨울 중에 애용하고 있었던 베이직 컬러에 흰색 물감을 듬뿍 섞어가는 이미지이다. 색의 종류는 같아도 밝은 톤의 베이직 컬러가 더해지면 밝고 가벼운 인상으로 보인다.

일단 봄이 시작되면 얼굴 주위부터 소량의 밝은 베이지나 그레이를 더해 나가고, 본격적인 봄에서 초여름으로 넘어가면서는 밝은 베이지나 그레이의 면적을 되도록 크게 늘려 나간다. 전체 면적의 70% 정도를 밝은 베이직 컬러로 채우고 나서 연하늘색이나 연핑크색 같은 파스텔 컬러를 가미하면 위화감 없이 어른스럽게 계절을 맞이할 수 있다. 어두운 베이직 컬러 → 어두운 베이직 컬러 + 밝은 베이직 컬러 → 밝은 베이직 컬러 + 파스텔 컬러와 같은 방법으로 기온 상승과 색감의 상승을 함께 맞추어 나가야 제대로 봄을 만끽할 수 있다.

봄은 색깔이 아니라
셔츠로 시작한다

마흔부터 봄의 시작은 화이트 코튼 셔츠로 알리자. 깨끗하고 경쾌한 느낌을 주는 코튼의 소재감은 봄을 알리는 데 부족함이 없다. 모직 재킷의 이너 웨어로 입거나, 캐시미어 크루넥의 기디건과 맞추거나 하는 식으로 겨울부터 계속 활용하던 아이템과 겹쳐 입기 쉽고, 깃 주위나 소맷부리, 때로는 밑단에 코튼이 살싹 엇보이는 것만으로도 물씬 봄 내음이 전달된다.

또 다른 이유는 흰 셔츠의 반사판 효과이다. 모델이나 배우들이 촬영할 때 얼굴 주위에 흰 반사판을 대는 것은 빛을 반사시켜 모공이나 주름을 감추고 얼굴색을 훨씬 밝아 보이게 만들기 위해서이다. 흰 셔츠 역시 같은 효과를 가져와 겨울 동안 건조하고 칙칙해진 피부를 밝고, 건강하게 보여 준다. 건조하고 칙칙해진 피부와 헤어를 윤기 있게 정돈하지 않은 상태에서 바로 부드러운 파스텔 컬러를 입으면 피부의 건조함이 눈에 띄고, 선명한 비비드 컬러는 떠 버린다. 따라서 새봄을 알리는 것은 색이 아니라 셔츠였던 것이다.

봄의 머플러는
칭칭 감기만 해서는 안 된다

요즘의 봄은 4월이 되어도 아침 저녁으로는 쌀쌀한 날씨가 계속된다. 그런 날씨에는 특히 목 주위를 감싸는가, 감싸지 않는가로 체감 온도는 크게 달라지기 때문에 머플러의 활약은 대단하다. 그중에서도 반대쪽이 비쳐 보일 정도로 얇은 머플러는 계절을 가리지 않고 사용할 수 있기 때문에 강력 추천한다. 색상은 검정, 브라운과 같은 단색이 아니라 그레이가 들어간 베이지, 카키가 들어간 베이지와 같이 한눈에 무슨 색이라고 말할 수 없는 애매한 색이 아우터와 이너 웨어의 색에 구애받지 않기 때문에 사용하기 편하다. 이런 머플러를 겨울에는 길게 늘어뜨려 사용했다면 봄에는 목둘레에 딱 맞게 매면 맬수록 스타일리시하다.

예를 들어 가죽 재킷의 목 주위에 머플러를 3번 정도 감아서 어중간하게 나온 끝은 덜렁거리지 않도록 그대로 말아서 집어넣는다. 얇으면서 몇 겹이나 겹친 머플러는 따뜻한 공기를 놓치지 않고 푹신하게 감싸 준다. 게다가 목둘레를 따라 감긴 머플러는 마치 목걸이처럼 시선을 위로 모으기 때문에 겉옷의 앞을 채워도 스타일링에 포인트가 되어 감각 있게 연출할 수 있다.

산들산들 흔들리는 마음은
핸드백에 담는다

전체 스타일링에서 은근히 눈에 띄는 소품이라고 하면 단연 핸드백이다. 그런데 계절이 바뀌면 옷은 물론 구두도 여름엔 샌들, 겨울에는 부츠처럼 갈아 신는데 의외로 핸드백은 계절이 바뀌어도 잘 바꿔 들지 않는 경향이 많은 것 같다. 하지만 마흔부터의 스타일을 잡기 위해서라면 계절의 변화를 핸드백에서 느낄 수 있도록 해야 한다. 핸드백은 색이나 디자인, 금속 장식도 스타일을 결정짓는 중요한 요소이지만 사실은 소재가 색이나 디자인보다도 스타일링에 강하고 확실하게 영향을 준다.

가죽이나 에나멜 등의 광택이 있는 소재는 가을이나 겨울의 두껍고 매트한 옷에 맞추는 것이 잘 어울린다. 따라서 가을 겨울을 지켜왔던 가죽 소재의 핸드백을 매끄러운 소재의 스웨이드로 바꿔 드는 것만으로도 스타일의 표정이 달라진다. 스웨이드 핸드백은 어두운 색상을 선택해도 샌드 페이퍼로 깎아낸 표면에서 가벼움이 나오기 때문에 겨우내 입어 왔던 트렌치코트와 매치시키더라도 봄의 느낌이 물씬 풍겨나는 스타일로 완성된다.

여름 스타일링 플랜

여름에는 무엇보다 '피부 노출'을 계산하는 것이 중요한 포인트이다. 반팔 상의만 입으면 여름 내내 똑같은 이미지를 주기 때문에 민소매나 긴팔 셔츠를 적극적으로 활용한다. 피부의 노출 분량을 바꾸는 것으로 날마다의 스타일에 다양함이 나오고, 적은 아이템으로도 깊이 있는 스타일링이 가능하게 된다.

레이스 튜닉　　　민소매 블라우스

데님　　　면 팬츠　　　개더 스커트

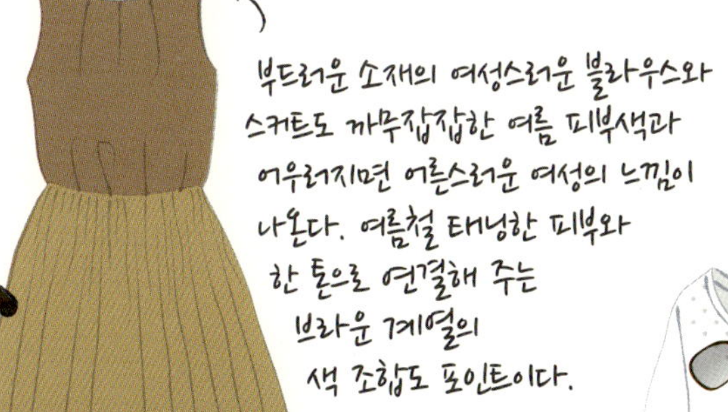

부드러운 소재의 여성스러운 블라우스와
스커트도 까무잡잡한 여름 피부색과
어우러지면 어른스러운 여성의 느낌이
나온다. 여름철 태닝한 피부와
한 톤으로 연결해 주는
브라운 계열의
색 조합도 포인트이다.

민소매 블라우스도
좁은 팬츠와 맞춰 실루엣을
살리면 어른스러운 스타일로
전환된다. 어스 컬러로 이루어진
스타일에 소량의 블랙이
돋보이는 구두가 세련된
여성을 떠올리게 해준다.
여름철 피부는 어스 컬러의
하나로 활용할 수 있다.

튜닉 블라우스를
입을 때 통이 약간 좁은 진한
데님과 함께 입으면 캐주얼한
느낌은 사라지고 여성스러운 스타일이
나와서 레이스의 비치는 느낌도
우아하게 돋보인다. 옷차림이
신경이 쓰이는 호텔이나
핫 플레이스에서의 약속이라도
당당하게 갈 수 있다.

여름철 노출은
교양을 판가름한다

여름 스타일의 가장 중요한 요소는 남들이 봤을 때 더워 보이지 않도록 입는 것이다. 따라서 얇은 소재의 옷이나 가능한 겹쳐 입지 않고 수를 적게 해서 입는 것이 여름 스타일의 기본이다. 이런 여름 스타일을 연출할 때 놓쳐서는 안 되는 것이 바로 노출된 피부이다. 예를 들어 시원해 보이는 민소매 원피스 한 장을 입었을 때라면 원피스의 실루엣만 보이는 것이 아니라 드러낸 쇄골에서 느껴지는 싱싱함, 팔에서 보이는 건강함, 등에서 보이는 촉촉함, 다리에서 느껴지는 여성스러움 등이 함께 전달되는 것이다.

겨울철 스타일링의 대부분을 차지하는 코트와 같은 존재감이 여름에는 피부에 있었던 것이다. 따라서 여름에는 '피부'가 스타일링을 구성하는 중요한 요소가 된다. 어떤 톤, 어떤 질감의 피부를 어떻게 내놓고, 어떻게 숨길 것인지 등 자신의 피부를 스타일 아이템으로서 먼저 생각해 놓자. 이처럼 여름에는 옷보다도 피부의 인상이 스타일의 성공과 실패를 결정하기 때문에 우선은 피부를 태울지 안 태울지부터 정하는 것이 스타일리시하게 여름을 맞이하는 방법이 된다.

마 셔츠는 언제 어디서나
쿨함을 가져다준다

봄의 시작을 알리는 면 셔츠를 여름에 입기에는 보기에도 더워 보인다. 그렇다고 해서 셔츠를 포기해서는 안 된다. 우아한 마흔은 셔츠에서 나온다고 하지 않았는가? 따라서 여름이 되면 여름에민 입을 수 있는 마 셔츠를 입도록 하자. 확 바뀐 질감에다가 면보다 빳빳한 마 소재는 덥고 긴 여름에는 제격이다. 더구나 마 셔츠는 하루 종일 입고 있으면 자연스럽게 주름이 생기면서 부드러운 감촉으로 변하는 매력적인 소재이다.

마 소재는 이 독특한 질감 때문에 어떤 것을 사도 절대 싸구려로 보이지 않는다는 큰 장점을 가졌다. 비싼 브랜드의 것을 구입하지 않아도 되는 소재인 것이다. 또 천연 소재이다 보니까 천연 소재만의 풍부한 표정이 겹쳐 입기 어려운 여름의 스타일링에 입체감과 깊이를 더해 준다. 마 셔츠에 물 빠진 데님. 이런 심플한 스타일도 마 소재니까 훨씬 여유 있고 멋스럽게 느껴지는 것이다. 여름의 시작은 마 셔츠로 알리자.

조끼 하나가 스타일에
활기를 불어넣는다

봄, 가을, 겨울 스타일의 포인트는 역시 머플러나 스카프로 연출할 수 있다. 심지어 잘 고른 하나의 머플러만 있어도 매는 법만 달리하면 3계절 모두 사용할 수 있다. 하지만 여름에는 목에 뭔가를 두른다고 상상만 해도 끈적끈적하다. 그렇다면 여름철 스타일에 액센트를 줄 수 있는 방법은 무엇일까? 정답은 조끼 하나를 추가하는 것이다.

예를 들면 시원한 박스 티셔츠에 바지통이 좁은 데님을 입고서 조끼를 더하면 늘어져 보이던 실루엣이 깔끔하게 정돈되고 시선을 위로 모아 주기 때문에 날씬하게 보인다. 또 발목까지 내려오는 길이의 민소매 원피스 위에 조끼를 더하면 훨씬 교양 있게 보여서 배려심마저 느껴진다. 한 장만 입기에 민망한 탱크톱 위에 조끼를 걸쳐 입체감을 더하면 과감한 노출이라도 신경이 쓰이지 않는다. 이와 같이 다양한 스타일링에 자유자재로 활용할 수 있는 조끼는 허리 정도까지 오는 짧은 길이의 콤팩트한 실루엣, 그리고 마가 섞인 캐주얼한 소재감에 안감이 없는 것이 좋다. 이런 조끼 하나가 있으면 여름 스타일을 훨씬 간단하고 멋지게 연출할 수 있다.

남들이 전부 노출할 때
혼자 가려 주면 돋보인다

무더운 여름에는 더워 보이지 않게 입는 것이 중요하다고 했다. 그렇다 보니 여름철 옷들의 길이는 위아래 할 것 없이 짧아져서 웬만한 노출은 시원하다고 보일 정도로 모두가 노출된 피부에 익숙해져 있다. 누구나 벗고 다니는 계절이다 보니 역으로 피부를 가리면 훨씬 강한 인상을 남길 수 있게 된다. 그리고 속살이 비칠 정도로 얇은 긴팔 셔츠에 서머 울의 크롭 팬츠, 등이 크게 파인 긴팔 블라우스와 데님, 어깨가 드러나는 마 드레스와 같이 피부가 살짝 엿보이는 스타일링이 온몸을 다 드러낸 것보다 훨씬 섹시하게 돋보인다.

이렇게 섹시하게 긴팔을 입었을 때에도 손목은 더욱 눈에 띄게 된다. 꼭 긴팔을 입었을 때뿐만 아니라 여름철 소품 스타일링에서 가장 신경을 써야 하는 것은 팔찌이다. 손목에 장식하는 액세서리는 옷이나 다른 소품과 부딪치지 않고, 잘 정돈되어 어울리기 때문이다. 그러니까 팔찌만큼은 색이나 소재 등에 구애되지 말고 자신의 기분으로 골라도 괜찮다. 이런 팔찌는 주얼리가 아니라 말하지 않고 '나'를 나타내는 표현 도구가 되어 준다.

끈적이는 여름에는 목걸이보다 귀걸이가 시원하다

가볍고 얇은 소재의 옷을 입는 여름철에 목걸이를 걸고 있으면 목걸이의 무게나 길이 등의 이유로 치렁치렁하게 보여서 더운 인상을 주기 쉽다. 여러 개의 옷을 겹쳐 입을 수 있는 겨울철에는 상반신에 다양한 소재가 있기 때문에 액세서리를 더하지 않더라도 얼굴에 입체감이 나와서 화려하게 보일 수 있지만, 겹쳐 입기가 어려운 여름에는 어떻게 해야 할까? 여름에 화려함을 더하기 위한 아이템은 귀걸이다.

앞에서도 얘기했듯이 여름철 스타일링의 핵심 포인트는 피부이다. 따라서 피부를 가릴 수 있는 목걸이보다도, 옆에서 볼 때 사선으로 입체적인 빛을 더해 주는 귀걸이가 이 계절에는 유효한 것이다. 귀걸이는 얼굴에 가장 가깝게 닿는 주얼리이기 때문에 도전 의식을 가지고 시도하면 스타일링에 실패하기 쉽다. 특히 여름에는 귀걸이도 메이크업의 일부가 된다. 피부색이나 귀걸이의 재질에 따라서도 제각각 어울리는 것이 다르기 때문에 옷에 맞춘다기보다도 얼굴이나 어깨 피부를 돋보이게 해주는 하나를 고르자. 아마도 어떤 스타일링에도 잘 어울리는 것을 금방 찾아낼 수 있을 것이다.

샌들은 발 관리가 잘 된
여성들만이 신는 신발이다

더운 여름에 두껍게 보이는 화장은 오히려 덥고 괴롭게 보여 안 한 것만 못하다. 생얼처럼 느껴질 정도의 투명한 피부에 포인트로 라인을 살리는 정도가 딱 좋다. 눈두덩이에 바른 아이섀도는 땀으로 번지기 쉽고 지저분하게 보일 수 있으므로 치크로 입체감을 만드는 것이 중요하다. 여름철에는 메이크업을 산략하게 하는 대신 다른 계절보다 발 관리에 신경을 쓰는 것이 중요하다. 아무것도 안 하고 단지 페디큐어만 잘 바르면 괜찮다는 뜻이 아니다. 그보다 더 중요한 것은 각질이다. 여름에는 맨발로 다니는 경우가 많기 때문에 사실은 겨울보다도 발끝이나 뒤꿈치가 건조해 지기 쉽고, 그렇다 보니 조금만 게을리해도 각질이나 갈라짐 등이 훨씬 눈에 띈다. 여기를 제대로 보습하는지 아닌지에 따라 전신의 인상은 크게 바뀐다.

그 사람의 스타일을 결정짓는 것은 사실은 이런 세세한 부분이다. 어쩌다 한 번 네일숍에서 관리를 받는 것보다 샤워할 때마다 스크럽 등으로 문질러 주고 크림을 바르는 습관이 몸에 배어 있는 여성만이 샌들을 신을 자격이 있다.

가을 스타일링 플랜

계절이 가을로 바뀌면 클래식하고 전통적인 스타일이 멋스럽게 보인다. 전체적인 스타일이 심플하게 되어가는 만큼 각 아이템의 소재감을 의식하는 것이 이 시기에 특히 중요하다. 디자인으로 인상을 강하게 남기는 것보다 소재를 겹친 입체감으로 승부하는 것이 가을철 스타일링의 즐거움이다.

셔츠 × 카디건에 롱 스커트,
여기에 레이스 업 슈즈와
울 타이츠를 신어 본다.
겹쳐 입기의 계절에는
이렇게 어딘가 약간
촌스러운 듯이 연출하면
스타일이 귀여워진다.
옷차림이 지루하게
느껴질 때 살짝
벗어나게 입으면
기분전환에도
도움이 된다.

베이직한 트윈 니트도
머플러와 부츠로 '검정'의
면적을 많이 늘리면 파워풀한
스타일로 변신이 가능하다.
심플한 스타일이기 때문에
이대로도 좋지만, 보다 임팩트 있게
마무리하기 위해서 안경이나
캔버스 가방 같은 것을
더하면 지적인
이미지가 나온다.

그레이 니트에 그레이 바지,
베이지 트렌치코트에 베이지
펌프스라고 하면 수수해 보이기 쉬운
배색이지만 개버딘, 울, 코듀로이,
에나멜 등 각기 다른 소재를
겹치고 있기 때문에 스타일에
경쾌함이 살아 있다.
바지는 롤 업해서 쿨한 느낌도
살린다.

가을은 누가 뭐래도
멋쟁이들이 사랑하는 계절이다

여름과 겨울 사이에 끼어 있는 가을은 날씨의 제약에서 벗어날 수 있기 때문에 가장 멋을 즐길 수 있는 계절이다. 온기를 띠고 있었던 공기가 어느새 확 건조해져서 계절이 가을로 바뀌면 다양한 소재와 깊이가 있는 색을 스타일에 도입해야 한다. 캐시미어, 가죽, 실크 등 다양한 소재를 입을 수 있는 계절이니만큼 소재의 느낌을 의식하는 것이 무엇보다 중요하다. 따라서 디자인으로 어필하는 것이 아니라 소재를 겹친 입체감으로 승부하는 것이 스타일의 포인트가 되는 계절인 것이다. 그리고 가을은 특히 클래식이 어울리는 계절이기도 하다. 여름에 연출하던 스타일에 트렌치코트, 스트라이프 셔츠, 울 재킷 등 클래식한 아이템을 하나라도 도입하면 훨씬 가을다움이 깊어진다.

최근에는 여름이 점점 길어져서 가을을 제대로 느끼지도 못한 채 눈 깜짝할 사이에 겨울로 넘어간다. 그렇다 보니 스타일에도 가을을 담지 않고 대충 지나가는 경우가 많은데 그렇게 넘겨 보내기에는 많이 아쉽다. 이제부터는 의식적으로 가을을 느끼면서 가을의 멋을 제대로 즐겨 보도록 하자.

헤어 컬러가 한 톤 어두워지면 스타일이 살아난다

여름의 스타일을 피부로 시작했다면 가을의 스타일은 헤어로 출발해야 한다. 헤어스타일을 바꾸라는 말이 아니다. 일단 헤어 컬러부터 한 톤 어둡게 하면 된다. 가을에 등장하는 아이템은 모두 깊이가 느껴지는 색이나 소재의 것들인데 여름까지 끌고 왔던 밝은 헤어 컬러로는 이런 깊이감이 잘 전달되지 않는다. 따라서 가을의 시크한 스타일을 보다 멋지게 소화하기 위해서는 역시 가을색으로 바꿔주는 것이 선행되어야 한다. 맨살을 드러낸 스타일링이 많은 여름에는 헤어 컬러가 가벼워야 전체적인 밸런스가 좋다. 하지만 가죽이나 캐시미어와 같은 따뜻함이 느껴지는 소재가 많아지고, 더욱이 스타일의 기본이 되는 색도 어두워지는 가을에는 진한 브라운 헤어 컬러가 확실히 어울린다.

그리고 나서 자신의 피부 톤보다 어두운색의 옷을 입으면 그것만으로도 날씬함까지 얻을 수 있다. 몸에 걸치는 아이템의 수가 늘어 나지만 재킷이나 트렌치코트는 물론 하의도 어두운 것을 고르고 대신 얼굴 주위에 두르는 것이나 상의는 표정이 어두워지지 않도록 겉옷보다는 조금 더 밝은색을 입으면 괜찮다.

가을의 숨겨진 주역은
중간색 카디건이다

가을의 필수품은 뭐니 뭐니 해도 카디건이다. 그리고 가을의 카디건은 단지 옷이 아니라 소품이라고 생각하자. 티셔츠 위에 겹쳐 입는 것은 물론, 단추를 2~3개 풀고 맨살 위에 이너로 입거나, 셔츠의 어깨에 스카프처럼 두르거나, 또는 원피스의 허리 부분에 둘러서 벨트 대신으로 사용하는 등 연출은 무한대이다. 낮에는 아직 덥고 밤에는 쌀쌀한 초가을 극심한 일교차를 메워 줄 뿐만이 아니라 심플한 스타일링에 특별함을 더하는 소품으로서의 역할도 해준다.

이렇게 다양하게 활약하는 카디건은 허리 정도까지의 길이여야 입어도 둘러도 밸런스가 좋다. 소매는 절대적으로 긴 것이라야 두르거나 묶을 수 있고, 색상은 옅은 블루나 캐멀, 베이지를 포함한 그레이 등 중간색의 심플한 한 장을 선택하자. 카디건만 입어도 스타일이 나오려면 목둘레가 가급적 적게 파인 것이야 하고, 버튼은 너무 많지도 적지도 않은 조개버튼, 얇은 울 100%로 된 것이어야 어느 상황에도 튀지 않기 때문에 다양하게 스타일링할 수 있다.

우아한 진주가
가장 어울리는 계절이다

가을의 주얼리를 꼽으라고 한다면 단연 진주이다. 진주는 분명 계절을 따지지 않고 사계절 사용할 수 있는 주얼리이기는 하지만, 여름철 더위나 습기에는 가능한 하지 않고 싶고, 겨울의 레이어드 룩에서는 진주가 돋보이기 어렵기 때문에 가을의 진주가 가장 좋다. 늦더위가 기승을 부리거나, 여름의 잔재가 아직 피부에 남아 있더라도 진주의 부드러운 광택만 있으면 가을의 느낌이 충분히 전달된다.

특히 불규칙한 모양의 복잡한 빛을 발하는 바로크 진주 목걸이는 어떤 색의 옷에도 잘 어울릴 뿐만이 아니라 그 부드러운 빛은 맨살에 얹어도, 니트나 실크에 맞춰도 아름답게 돋보이고, 크기가 있는 회색빛 바로크 진주 귀걸이를 달면 가을 스타일에 우아함을 실어 준다. 진주를 너무 얌전하고 가지런하게, 혹은 너무 포멀하고 진지하게 연출하면 자칫 진부하고 답답해 보일 수 있다. 따라서 시크한 가을 스타일에는 비대칭적인 모양의 불완전한 바로크 진주가 제격이다. 우아한 여성미를 끌어내는 데 진주만한 것도 없다.

당신의 가녀린 손목은
시계가 알아 준다

가을이 되면 왠지 전통이 느껴지는 클래식 스타일에 눈길이 간다. 아마도 여름의 해방감 넘치는 느슨한 패션에 질려서 깔끔하게 정돈된 스타일링이 하고 싶어지기 때문일 것이다. 이렇게 날씨에 좌우되는 여자들의 기분은 옷차림만이 아니라 액세서리에도 적용된다. 여름 내내 손목을 장식하고 있던, 찰랑찰랑 여러 개를 겹쳐서 사용했던 팔찌가 거추장스럽게 느껴지는 순간이 바로 가을인데 그때 손목은 클래식한 시계 하나로 정돈하면 멋스럽게 보인다.

시계는 그 사람의 성격, 감성, 자금에 따라 크게 달라질 수 있는데, 기왕이면 차가워 보이는 금속 소재가 아닌 가죽 벨트의 시계가 이 계절에 더욱 잘 어울린다. 클래식한 시계는 가을의 전통적인 아이템과도 잘 어울린다. 팔을 내놓고 다니던 여름과 달리 손목까지 옷으로 덮힌 팔에는 시계 하나만 차고 있어도 간결하고 다부진 스타일로 완성된다. 기왕이면 크고 투박하며 남성적인 디자인으로 고를 것을 추천한다. 가녀린 손목을 더욱 강조해 주기 때문에 섹시함도 가져다줄 것이다.

애니멀 무늬의 면적이
넓어지면 정글의 여인이 된다

잘 입으면 시크하게 보이지만 잘못 입으면 천박하게 보이는 애니멀 프린트. 얼핏 어려운 것처럼 느껴지는 애니멀 프린트를 보기 좋게 연출하려면 소품같이 작은 면적으로 제한하고, 무늬의 색은 어디까지나 베이직한 것을 골라야 한다.

레오파드, 지브라, 치타 같은 애니멀 무늬는 잘 보면 오프 화이트, 브라운, 다크 브라운, 혹은 캐멀, 브라운, 검정 등의 색으로 구성되어 있는데 이는 우리의 옷장 대부분을 차지하는 베이직 컬러라는 것을 알 수 있다. 그러니 가지고 있는 옷에 매우 잘 어울린다. 이처럼 기본 컬러와 매치했을 때 애니멀 프린트는 스타일의 액센트가 된다. 그리고 한 번에 한 가지 애니멀 프린트만 착용해야 한다. 그보다 많이 사용하면 정글의 여인으로 보이게 된다. 또 애니멀 프린트만큼은 저렴한 것을 고르지 않도록 한다. 색 배합이나 전체 인상이 강하고 대담하기 때문에 색조가 통일되고 부드러운 느낌을 주지 않는 것은 걸치는 순간 싸구려로 보인다. 따라서 새틴이나 송치, 리넨 등 질 좋아 보이는 것으로 조금만 사용해야 숨어 있는 야성미를 드러낼 수 있다.

겨울 스타일링 플랜

누구나 칭칭 감고 다니는 겨울이야말로 피부 노출의 효과도 무시할 수 없다. 긴팔 셔츠에서도 손목이나 가슴 주위를 어떻게 보이게 할지, 바지를 어떻게 롤 업해서 입을지, 발목을 예쁘게 보이는 구두는 어떤 것인지 등 작은 부분의 노출 방법에 민감해지면 겨울철 스타일은 저절로 따라온다.

롱 코트

트윈 니트

체크무늬
플란넬 셔츠

진주색의
실크 셔츠

얇은 울 원피스

버기 데님

코듀로이 팬츠

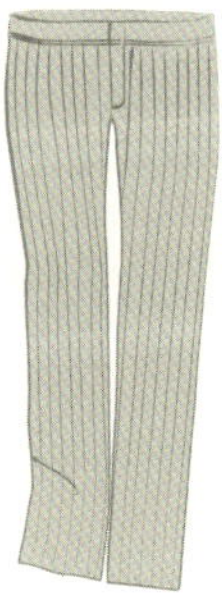

연말 모임에는 단정한 느낌과
여성스러움을 겸비한
그레이 울 원피스를 입는다.
겨울철 반팔 원피스는
야하게 보일 염려도 없고,
긴팔 원피스보다
화려하기 때문에
활용도가 높은
아이템이다.

청바지에 코트.
이런 식의 겨울철 캐주얼
스타일을 마흔부터
연출할 때는 어른스러운
소재를 더해서 럭셔리하게
보이도록 해야 한다. 실크 셔츠,
가죽 벨트, 에나멜 구두,
레오파드 장갑에서
느껴지는 고급스러움이
20대와는 확연히
다른 스타일로
마무리해 준다.

체크 셔츠에
코듀로이 팬츠를
입는 것과 같이
매니시한 스타일을 연출했을 때는
바지를 롤 업해서 발목을 드러내고
힐을 신어 발등까지 보이도록 하는
식으로 어딘가 한 부분은 반드시
여성스러운 부분을 살려줘야
마흔의 섹시함이
묻어난다.

옷에 핸드백을 맞추지 말고
핸드백에 옷을 맞춰야 한다

그 사람의 스타일을 이끄는 것은 다름 아닌 핸드백이다. 옷은 어디까지나 베이직인 마흔부터의 스타일이라도 핸드백만큼은 그해의 기분이나 유행이 살짝 담기면 더욱 멋지게 보인다. 두꺼운 겉옷을 걸쳐야 하는 겨울에는 옷에다 핸드백을 맞추지 말고 핸드백에 옷을 맞춰야 빈틈없는 스타일로 완성된다.

따라서 겨울 스타일을 위해 제일 먼저 사야 하는 것은 다름 아닌 핸드백인 것이다. 왜냐하면 겨울의 옷은 소재에 두께도 있고 어깨 패드가 들어가 있는 것이 많아서 실제로 어깨에 걸쳐 보면 잘 걸쳐지지 않는 일이 종종 있다. 겹쳐 입는 것이 스타일의 중심인 겨울에는 생각한 것보다 어깨의 두께가 훨씬 두껍다. 게다가 목도리를 두르거나 모자를 쓰면 시선이 위로 옮겨 가기 때문에, 핸드백도 손으로 드는 것보다 어깨에 메는 쪽이 밸런스가 좋다. 핸드백에 따라서 선택해야 할 코트나 재킷이 바뀌기 때문에 핸드백을 살 때에는 니트나 셔츠가 아니라 코트의 어깨에 걸쳐 보는 것을 잊지 않도록 해야 한다.

걸쳤을 때만 멋있지 말고
벗었을 때도 멋있어야 한다

코트는 확실히 가격도 비싸고 전신에서 차지하는 분량도 매우 크다. 그래서인지 겨울 스타일을 비싼 코트 하나에만 의존하는 경우를 많이 보는데 참 안타깝다. 겨울철이라곤 해도 추운 밖에서 하루 종일 있는 게 아니라 실내에 들어가기 때문에 코트를 벗고 있는 시간이 많음에도 불구하고 코트에만 돈도 힘노 너무 많이 줘서 실패하는 일이 많기 때문이다.

예를 들어 세련된 코트를 입고 안에는 보풀이 인 니트 한 장을 입는 스타일링은 코트를 입었을 때는 차도녀인데 벗으면 바로 무수리로 변신해서 보는 사람이 당황스럽다. 그러니까 니트 한 장만 달랑 입는 것이 아니라 목 주위에 스카프를 두르거나 셔츠를 함께 입어서 깃을 약간 엿보이게 하는 등, 겹쳐 입기 스타일링이 코트 안에 들어가 있어야 코트까지도 더욱 멋스럽게 보인다. 무늬가 화려한 옷은 코트 안에 받쳐 입기 어려운데 리드미컬한 가로줄 무늬는 코트를 벗어도 벗기 전과 똑같은 정도의 파워가 전달된다. 심플한 스타일링이지만 실내에서도 실외에서도 대충 막 입은 느낌으로 보이지 않는다.

모피를 입었을 때
복부인으로 변신하면 안 된다

가장 따뜻하고 가장 럭셔리한 아이템은 단연 모피이다. 복부인의 전유물 같던 모피가 요즘엔 다양한 털, 다양한 디자인으로 나오기 때문에 트렌디한 아이템으로 자리잡은 게 사실이다. 모든 옷에 잘 어울리기 때문에 다양하게 연출할 수 있는 장점을 가진 모피는 반드시 하체가 길고 날씬하게 보이도록 입어야 스타일이 산다. 한 곳이 부피가 크면 다른 한 곳은 달라붙어야 세련되게 보이기 때문이다. 또 모피는 잘못 입으면 부해 보일 수 있기 때문에 이너 웨어를 심플하게 입는 것이 기본이다. 특히 털이 긴 모피는 굉장히 부피가 커 보이기 때문에 목이 짧거나 상체에 살이 많은 체형은 입지 않는 편이 안전하다.

해마다 겨울이면 모피가 유행이지만 아직까지도 부담스러운 가격 때문에 선뜻 손이 가기 힘든 게 사실이다. 하지만 요즘 들어서는 인조 모피도 잘 나오고 있으니 활용해 보도록 하자. 만약 좋은 모피 하나만 선택해야 한다면 모피 숄에 도전해 보자. 기존에 입어 왔던 평범한 코트 위에 살짝 두르기만 해도 귀부인으로 변신시켜 줄 것이다.

겨울철 니트는
한 가지 색으로 승부하라

마흔부터의 겨울 스타일을 위해 가장 잘 갖춰야 할 것은 다름 아닌 니트이다. 모든 아우터는 물론 하의에도 잘 어울릴 수 있는 '한 가지 색을 여러 디자인으로' 준비하는 것이 가장 이상적이나. 코트와 하이, 혹은 코트와 가방, 하의와 구두에서처럼 각각 다른 아이템을 예쁘게 연결해 주는 것이 겨울 니트의 역할이다. 그러니까 연결 아이템인 니트에 개성을 담을 필요는 전혀 없고 다양한 색을 가질 필요도 없는 것이다.

겨울 옷이 거의 검정인 여성이나 브라운을 좋아하는 여성 모두에게 잘 어울리는 컬러는 역시 그레이라고 생각한다. 그 밖의 카키나 네이비에도 기가 막히게 잘 어울리는 컬러는 그레이뿐이다. 흰색에 가까운 밝은 그레이부터 검정에 가까운 차콜 그레이까지 모든 그레이는 베이직 컬러뿐만이 아니라 파스텔 컬러와도 잘 어울리는 멋쟁이 컬러임을 잊지 말자. 이 코트에는 이 색을 맞추고 싶지만 갖고 있는 디자인으로는 잘 맞지 않는다는 등의 스타일링 스트레스에서 해방되려면 '같은 색'으로 '다양한 형태'의 니트를 갖추는 것을 권한다.

스커트의 인상을 결정짓는 타이츠는 구두 색과 맞춘다

겨울에 스커트나 원피스를 입을 때 가장 망설이는 것이 타이츠 선택이다. 전체 스타일에서 상당한 비율을 차지하는 다리를 어떻게 표현하느냐가 스타일링의 성공과 실패를 결정하는 중요한 요소가 된다. 울이나 트위드에는 광택이 없는 매트한 타이츠가 잘 어울리는데 그중에서도 피부의 질감을 죽이지 않는 코튼 타입이 좋을 것이다. 너무 얇거나 다리가 비치는 스타킹은 스커트 원단의 두꺼운 소재감을 지탱할 수 없기 때문에 어울리지 않는다. 시폰 원피스나 실크 스커트처럼 얇고 여성스러운 소재에는 스커트와 정반대 소재인, 다리를 드러나지 않는 울로 캐주얼하게 표현하면 훨씬 매력적이다.

타이츠의 색은 스커트가 아니라 구두에 맞춘다. 구두와 타이츠의 색을 연결하면 다리는 그만큼 길고 늘씬하게 보인다. 피겨 스케이트 선수가 구두를 타이츠와 똑같은 소재로 푹 감싸는 것과 같은 이유이다. 브라운의 구두라면 붉은 기가 없는 초콜렛 브라운이나 카키를 머금은 스파이시 브라운 컬러의 타이츠를 신고, 검정 구두에는 어두운 그레이나 매트한 블랙 타이츠를 맞추면 롱 다리로 보인다.

다양한 소재를 겹치면
상대방의 호기심이 자극된다

겨울의 스타일은 다양한 색으로 많이 겹치는 것보다 색을 1~2개로 좁히고 다른 소재끼리 겹쳐 가는 쪽이 훨씬 멋스럽게 보인다. 따라서 아이템을 몇 개씩 겹쳐 입을 수 있는 겨울이야말로 소재를 활용한 스타일링을 즐길 수 있는 계절이다. 이때 가장 추천하고 싶은 방법이 광택이 적은 매트한 소재를 바탕으로 샤이니한 소재를 소량 더해서 효과를 주는 것이다. 울, 캐시미어, 스웨트, 플란넬, 스웨이드 등은 매트한 소재. 반대로 가죽, 벨벳, 새틴, 실크, 라메, 스팽글 등은 샤이니한 소재이다.

예를 들면 코트, 이너, 타이츠, 구두를 매트한 소재로 고르고, 스커트만 광택 있는 것으로 입는다. 이런 식으로 연출하면 전신이 올 블랙이라고 해도 소재의 강약이 전달되기 때문에 훨씬 화려하고 인상이 깊어진다. 어두운색 아이템이 늘어나는 겨울에 가장 예쁘게 눈에 띄는 스타일링 방법이다. 소재를 맞추는 절묘함으로 만들어진 스타일링은 결코 강한 인상을 남기는 것은 아니지만, 가까이에서 볼수록 더욱 예쁘고, 차분하고 호감 가는 인상을 오랫동안 남겨 준다.

스무 살의 얼굴은 자연의 선물이고,
쉰 살의 얼굴은 당신의 공적이다.
가브리엘 샤넬
(Gabrielle Bonheur Chanel, 1883~1971, 패션 디자이너)